www.ingramcontent.com/pod-product-compliance
Lightning Source LLC
LaVergne TN
LVHW092047060526
838201LV00047B/1277
* 9 7 9 1 1 2 6 3 0 1 6 6 9 *

עֲשרת הדִיברות

תורת אלוהים

ד״ר ג׳יי רוק לי

URIM BOOKS

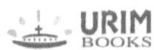

"אִם אַתֶּם אוֹהֲבִים אוֹתִי הֲרֵי שֶׁתִּשְׁמְרוּ אֶת מִצְווֹתַי".

(בשורת יוחנן פרק י"ד: 15)

תורת אלוהים המחבר: ד"ר ג'יי רוק לי

פורסם על ידי ספרי אורים (נציג: קיונגטיי נו)
73, ייווידייבאנג – רו 22-ג'יל, דונגג'אק-גו, סאול, קוריאה
www. urimbooks.com

כל הזכויות שמורות. ספר או חלקים ממנו זה אין לשכפל בכל צורה שהיא, לאחסן במערכת אחזור, או להעביר בכל צורה שהיא או בכל אמצעי אלקטרוני, מכני, צילום, הקלטה או בכל דרך אחרת, ללא הסכמה מראש ובכתב של המו"ל.

כל קטעי **הברית החדשה** בעברית נלקחו מן התרגום המודרני **לברית החדשה** – "באישור החברה לכתבי הקודש בישראל".

כל הזכויות שמורות 2016 © על ידי ד"ר ג'יי רוק לי

ISBN: 979-11-263-0166-9, ISBN: 979-11-263-0165-2(set)

כל הזכויות לתרגום 2013 © ד"ר אסתר ק צ'ונג. בשימוש על ידי רשות.

מהדורה ראשונה אוקטובר 2016

בעבר פורסם ב קוריאנית בשנת 2011 על ידי ספרי אורים בסאול, קוריאה

בעריכת ד"ר גיומסאן וין
עוצב על ידי עיצוב צוות ספרי אורים
הודפס ע"י פרינה הדפסה
לפרטים נוספים: urimbook@hotmail.com

מבוא

בעת שירותי נישאל אני אינספור שאלות כגון: "היכן נמצא אלוהים?" או: "הראה לי את אלוהים" או: "איכה אֶפגוש את אלוהים?" אנשים שואלים שאלות כאלה מאחר ואינם יודעים כיצד לפגוש את אלוהים. אך הדרך לפגוש באלוהים הינה קלה יותר משאנו חושבים – נוכל לפגוש באלוהים פשוט בלימוד מצוותיו והציות להן. בכל אופן: למרות שאנשים רבים מכירים עובדה זו במחֲשבותיהם – ניבצר מהם לציית למצוות מאחר ואינם מבינים את המשמעות הרוחנית האמיתית המשובצת בכל מצווה אשר יצאה כתוצאה מאהבתו העמוקה של האב אלינו.

בדיוק כשם שפלוני זקוק לחינוך הולם בכדי להיות מוכן לעמוד בפני החברה – כך אף: בן/בת אלוהים ניזקקים לחינוך הולם בכדי להיות מוכנים לעמוד בפני השמיים. כאן נכנסות מצוות אלוהים. על כל ילד חדש לאלוהים ללמוד את: מצוות אלוהים או עֲשרת הדיברות וליישׂמן בחייו. תורת אלוהים הייה: המצוות שאלוהים ברא למעננו כדרך בה נוכל: להתקרב אליו, לקבל ממנו תשובות ולהיות עימו יַחָדיו. במילים אחרות: למידת תורת אלוהים הינה הכרטיס לפגוש באלוהים.

בשנת 1446 לפנה"ס לערך בדיוק לאחר יציאת מצרים רצה אלוהים: להוביל את בני ישראל לארץ זבת חלב ודבש – הידועה בשם ארץ כנען. בכדי לממש זאת היה על בני ישראל להבין את רצון אלוהים ולדעת מהי המשמעות האמיתית בלהפוך לִילדיו האמיתיים של אלוהים. לכן חקק אלוהים באהבה על לוחות הברית: את עשרת הדיברות – המסכמות בתמציתיות את כל התורה (שמות פרק

כ"ד: 12). לאחר מכן נתן את לוחות הברית למשה בכדי שיוכל לחנך את בני ישראל כיצד להגיע למקום אליו רוצה אלוהים שיגיעו – וזאת בְּכדי שילמדם בנוכחותו את מחוייבותם כילדי אלוהים.

לפני כְּשלושים שנה לאחר שפגשתי את אלוהים החי: למדתי והתחלתי לציית לתורתו בעת התחַברותי בקהילה וּבִקשתי כל תחייה רוחנית שיכולתי להשיג. התחלתי: בוויתור על העישון והאלכוהול, ללמוד על שמירת יום השבת קדוש, לתת מַעֲשר בנאמנות, להתפלל וכו'. במחַברת קטנה התחלתי לציין בקצרה: את החטאים שלא יכולתי לגרש מיידית. התפללתי, צמתי וביקשתי את עזרת אלוהים בשמירת מצוותיו. הברכה אשר קיבלתי כתוצאה מכך הייתה מדהימה!

ראשית: בירך אלוהים את משפחְתינו כך שאף אחד מאתנו לא חלה אי פעם. בהמשך הֶעֱניק לנו אלוהים: ברכות כספיות גדולות בכדי שנוכל להתפנות לעזרת הנזקקים. לבסוף שפך עלי אלוהים: ברכות רוחניות רבות שאיפשרו לי להוביל שירות עולמי להכרזת הבשורה במסעות בכל רחבי העולם.

אם תִּלמדו את מצוות אלוהים וּתצייתו להן: לא רק שתשגשגו בכל תחומי חייכם – אלא אף יהא לאל ידיכם: לחוות פאר זוהר כשמש כשתיכנסו למלכותו הנצחית.

הספר *תורת אלוהים* הינו: לקט סדרת דרשות המבוססות על דבר אלוהים – וההשראה אשר קיבלתי לגבי: "עשרת הדיברות" בעת שצמתי והתפללתי זמן קצר לאחר תחילת שירותי. דרך מסרים אלה החלו מאמינים רבים: להבין את אהבת אלוהים ולחְיות בציות למצוותיו – והתוצאה היית: שיגשוך רוחנית בכל תחומי חייהם. כמו כן חוו מאמינים רבים: קבלת מענה לכל תפילה – וְהֶחָשוב ביותר: בכולם גברה התקווה לשמיים.

לכן: אם תדעו וּתִלמדו את משמעותן הרוחנית של עשרת הדִּיברות בזן עוסק ספר זה ותתחילו להבין את אהבתו הֶעמוקה של אלוהים אשר נתן לנו את עשרת

הדיברות – וכתוצאה :תחליטו לחיות בציות למצוותיו – יכול הנני להבטיחכם שתקבלו ברכות נהדרות מן האדון. בספר דברים פרק כ"ח: 1 – 2 נאמר – כי תבורכו בכל עת: *"וְהָיָה אִם-שָׁמוֹעַ תִּשְׁמַע בְּקוֹל יְהוָה אֱלֹהֶיךָ לִשְׁמֹר לַעֲשׂוֹת אֶת-כָּל-מִצְוֹתָיו אֲשֶׁר אָנֹכִי מְצַוְּךָ הַיּוֹם וּנְתָנְךָ יְהוָה אֱלֹהֶיךָ עֶלְיוֹן עַל כָּל-גּוֹיֵי הָאָרֶץ וּבָאוּ עָלֶיךָ כָל-הַבְּרָכוֹת הָאֵלֶּה וְהִשִּׂיגֻךָ כִּי תִשְׁמַע בְּקוֹל יְהוָה אֱלֹהֶיךָ"*.

ברצוני להודות לג'יי אומסאן ווין מנהלת לשכת העריכה בספרי אורים ולצוותה על: המסירות שאין שנייה לה ועל התרומה שאין לה ערך בהוצאת ספר זה. מתפלל אני בשם אדוננו: שכל הקוראים ספר זה יחלו להבין את תורת אלוהים ויצייתו למצוותיו בכדי להפוך לילדים אהובים יותר ולהתברך יותר!

ג'יי רוק לי.

פתיח

אנו מקדישים את כל הפאר לאלוהים האב אשר איפשר לנו לאסוף את המסרים על עשרת הדיברות – הכוללים את לב ורצון אלוהים בספר זה: *"תורת אלוהים"*.

בפרק הראשון: "אהבת אלוהים משובצת בעשרת הדיברות" – וספר זה מספק לקורא מידע רקע הכרחי לגבי – עשרת הדיברות ועונה על השאלה: "מהן בדיוק עשרת הדיברות?" פרק זה אף מסביר שאלוהים הֶעֱניק לנו את עשרת הדיברות מאחר והוא אוהב אותנו – ובסופו של דבר בְּרצונו לברכינו. לכן כשאנו מצייתים לכל מצווה בכוח אהבת אלוהים: נוכל לקבל את כל הברכות שאיחֵסן בעֲבורינו.

בפרק השני – "דיברה הראשונה" אנו למדים: שאם מישהו אוהב את אלוהים – הוא או היא יוכלו בקלות לציית למצוותיו. פרק זה עובר על השאלה: מדוע כמצווה ראשונה מצווינו אלוהים: שלא יהיו לנו אלים אחרים על פניו.

בפרק השלישי – "הדיברה השנייה": מכסה את חֲשיבות אי הסגידה המוחֶלטת לאלילים – או במובן הרוחני: לאהוב משהו יותר מאלוהים. כאן אנו למדים אף על התוצאה הסופית של: הסגידה / או אי הסגידה – לאלילי שקר ועל הברכות והקללות המסויימות הנוחָתות עלינו כתוצאה מכך.

הפרק הרביעי – "הדיברה השלישית" מסביר: מה משמעות השימוש בשם הָאֲדוֹן לשווא – ומה עלינו לעֲשות בכדי להתחמק מכך.

בפרק הֲחמישי – "הדיברה הרביעית": אנו לומדים על מובנו האמיתי של "יום הָאֲדוֹן" ומדוע השתנה משבת לראשון – במעֲבר מעת התנ"ך לעת הברית החדשה. פרק זה מסביר בְּפרוטרוט כיצד עלינו לשמור את יום הָאֲדוֹן קדוש – בעיקר בשלוש דרכים שונות. פרק זה אף מתאר את התנאים החורגים במצווה

זו – מתי מותר לַעֲבוד ולבצע עֲסקים בשבת.

בפרק השישי – "הדיברה החמישית" מסביר בְּפרוטרוט: כיצד עלינו לכבד את ההורים – בדרך אלוהית. אנו אף למדים את המשמעות המצווה: לכבד את אלוהים – אבי רוחֵינו. אילו סוגי ברכות נקבל כשנכבדו ואת הורינו בעזרת האמת שלו.

הפרק השביעי – "הדיברה השישית" כולל שני חלקים. החלק הראשון: מתמקד בחטא הרצח הפיזי – וחלקו השני הינו: הסבר רוחני לביצוע חטא רצח בליבו של פלוני. חטא שמאמינים רבים מואשמים בביצועו – אך לעיתים נדירות הם מבינים מה הם עושים.

הפרק השמיני – "הדיברה השביעית" עובר על: חטא הניאוף הפיזי וחטא הניאוף בלב או מַחְשְׁבֹתיו הָאדם – שהוא בעצם המפחיד שבין שני החטאים. פרק זה עובר אף על: הַחֲשיבות הרוחנית של ביצוע חטא זה, על תהליך התפילה והצום – שדרכם יוכל הפרט להשליך את חטא זה דרך בְּעֶזרת רוח הקודש וחסד וכוח אלוהים.

הפרק התשיעי: "הדיברה השמינית" מתאר את: משמעותה הפיזית של הגניבה ומשמעותה הרוחנית של הגניבה. פרק זה מסביר בְּמיוחד: כיצד מישהו עלול לגנוב מאלוהים בהיכשלו במתן המַעֲשר והתרומה – או בשימוש הלא נכון בְּדבר אלוהים.

הפרק הָעֲשירי – "הדיברה התשיעית" מתעסק: בשלושה סוגי מתן עדות שקר – או לשקר בכלל. פרק זה מתמקד אף: בכיצד נוכל לעקור את שורש המִירמה מליבנו בכך שנמצא בְּמקום זאת באמת את ליבנו.

הפרק הָאַחַד עָשר – "הדיברה הָעֲשירית" מסביר על המקרים בם החטא יגרום לנו לַחְמוד את שכננו או הקרוב אלינו. אנו אף למדים שהברכה האמיתית היא כשטוב לנפשותינו – כי כשנפשנו משגשגת: אנו מקבלים את ברכות השגשוג בכל תחומי חיינו.

בפרק האחרון – "מצוות העמידה עם אלוהים": כשאנו לומדים על שירות ישוע המשיח שהשלים את התורה באהבה – אנו למדים כי עלינו לאהוב בכדי שיהא לאל ידינו להשלים את דבר אלוהים. אנו למדים אף לגבי סוג האהבה העוברת מעבר לצדק.

אני תִקווה שטקסט זה יעזור לכם – להבין בבירור את משמעותן הרוחנית של: עֲשרת הדיברות-וּכשתצייתו למצוות אלוהים – הלוואי שתמיד תהיו בנוכחותו הבוהקת של אלוהים. אני מתפללת בשם אֲדוֹנֵנוּ שכאשר תשלימו את מצוותיו – תגיעו למקום בחייכם הרוחניים בו כל תפילותיכם תקבלנה מַעֲנה – וּבִרכותיו תִינחַתנה בשפע בכל תחומי חייכם!

ג'יי אומסאן ווין
מנהלת לשכת הָעריכה.

תוכן העניינים

מבוא

פתיח

פרק א
אהבת אלוהים משובצת בעשרת הדיברות

פרק ב: הדיברה הראשונה:
"לֹא-יִהְיֶה לְךָ אֱלֹהִים אֲחֵרִים עַל-פָּנָי"

פרק ג: הדיברה השנייה:
"לֹא-תַעֲשֶׂה לְךָ פֶסֶל, לֹא-תִשְׁתַּחֲוֶה לָהֶם וְלֹא תָעָבְדֵם"

פרק ד: הדיברה השלישית:
"לֹא תִשָּׂא אֶת-שֵׁם-יְהוָה אֱלֹהֶיךָ לַשָּׁוְא"

פרק ה: הדיברה הרביעית:
"זָכוֹר אֶת-יוֹם הַשַּׁבָּת לְקַדְּשׁוֹ"

פרק ו: הדיברה החמישית:
"כַּבֵּד אֶת-אָבִיךָ וְאֶת-אִמֶּךָ"

פרק ז: הדיברה השישית:
"לֹא תִרְצָח"

פרק ח: הדיברה השביעית:
"לֹא תִנְאָף"

פרק ט: הדיברה השמינית:
"לֹא תִגְנֹב"

פרק י: הדיברה התשיעית:
"לֹא-תַעֲנֶה בְרֵעֲךָ עֵד שָׁקֶר"

פרק י"א: הדיברה העשירית:
"לֹא תַחְמֹד בֵּית רֵעֶךָ"

פרק י"ב:
מצוות העֲמידה עם אלוהים

פרק א

אהבת אלוהים משובצת בעשרת הדיברות

שמות כ׳: 4 – 5:

"לֹא-תִשְׁתַּחֲוֶה לָהֶם וְלֹא תָעָבְדֵם כִּי אָנֹכִי יְהוָה אֱלֹהֶיךָ אֵל קַנָּא פֹּקֵד עֲוֹן אָבֹת עַל-בָּנִים עַל-שִׁלֵּשִׁים וְעַל-רִבֵּעִים לְשֹׂנְאָי וְעֹשֶׂה חֶסֶד לַאֲלָפִים לְאֹהֲבַי וּלְשֹׁמְרֵי מִצְוֹתָי".

לפני כארבעת אלפים שנה: בחר אלוהים באברהם להיות: אבי האמונה. אלוהים: בירך את אברהם, כרת עימו ברית והבטיח לו צאצאים: "מרובים ככוכבי השמיים וכחול הים".

בזמנו שלו: גיבש אלוהים את עם ישראל על ידי שנים עשר בני יעקב – נכד אברהם. תחת השגחת אלוהים: ירדו יעקב ובניו מצריימה בכדי לחֲמוק מן הבצורת וחיו שם 400 שנה. כל זה היה חלק מתוכנית אהבתו אלוהים להגן עליהם מחֲדירת הגויים עד שיגדלו להיות עם גדול וחזק יותר.

כשירדו מצריימה מנתה משפחת יעקב שבעים איש ומספר זה צמח דיו לייצר אומה. כשהעם התחַזק – בחר אלוהים באדם בשם משה להפוך למנהיג בני ישראל. לאחר מכן הוביל אלוהים את העם לארץ המובטחת: כנען – ארץ זבת חלב ודבש.

עֲשרת הדיברות הן דיברי האהבה אשר אמר [וחקק] אלוהים לְבני ישראל בעת הובילו אותם לארץ המובטחת.

בכדי שבני ישראל ייכנסו לארץ המבורכת – היה עליהם לעֲבור הכשרה: היה עליהם להאֲמין באלוהים ולציית לו. בכל אופן: ללא קנה-מידה קבוע לאמונתם ולצייתנותם – הם לא יבינו מהי המשמעות להיות מאֲמינים וצייתנים. לכן נתן להם אלוהים את עשרת הדיברות דרך מנהיגם משה.

עשרת הדיברות הינן: רשימת חוקים הקובעים קנה-מידה לְבני האדם להתהלך לפיה. אך אלוהים לא כפה עלֵיהם את הדיברות בעֲריצות. רק לאחר שהיפגין עבורם ונתן להם לחוות את כוחו המדהים: בהנחַתת עשר מכות מצריים, חֲציית ים-סוף, הפיכת מי מרה למי שתייה, הֲזנתם בּמָן ושליו – רק לאחר מכן העֱניק להם את עֲשרת הדיברות.

פיסת המידע הֲחשובה ביותר כאן הינה: שכל מילה מאת אלוהים – כולל את עשרת הדיברות – לא ניתנה רק לְבני ישראל – אלא אף לכל אלו המאמינים בו כיום – והיא ניתנה כקיצור-דרך לקבלת אהבתו וּבִרכותיו.

לב אלוהים – אשר נתן את עֲשרת הדִיברות.

בהורות: מלמדים ההורים את ילדיהם חוקים רבים כגון: "עליכם לרחוץ ידיים לאחר המשחק בחוץ" או "הִתכסה/י תמיד כשאת/ ה יָשֵן/נה" או "אל תחצה/י את הכביש כשהאור להולכי הרגל הינו אדום".

ההורים לא מנחיתים על ילדיהם את כל החוקים הללו בכדי להעֲמיס עליהם. הם מלמדים החוקים אלה לילדיהם מאחר והם אוהבים אותם. זה טבעי שההורים רוצים להגן על ילדיהם ממחלות וסכנות בכדי לשמור עליהם מוגנים ולעזור להם לחָיות בשלווה ושלום כל ימי חייהם. הסיבה שבעֲטייה העֱניק לנו אלוהים את עשרת הדיברות הינה: מאחר והוא אוהב אותנו.

בספר שמות פרק ט"ו 26 אמר אלוהים: *"אִם-שָׁמוֹעַ תִּשְׁמַע לְקוֹל יְהוָה אֱלֹהֶיךָ וְהַיָּשָׁר בְּעֵינָיו תַּעֲשֶׂה וְהַאֲזַנְתָּ לְמִצְוֹתָיו וְשָׁמַרְתָּ כָּל-חֻקָּיו כָּל-הַמַּחֲלָה אֲשֶׁר-שַׂמְתִּי בְמִצְרַיִם לֹא-אָשִׂים עָלֶיךָ כִּי אֲנִי יְהוָה רֹפְאֶךָ"*.

בספר ויקרא פרק כ"ו 3 – 5 אומר אלוהים: *"אִם-בְּחֻקֹּתַי תֵּלֵכוּ וְאֶת-מִצְוֹתַי תִּשְׁמְרוּ וַעֲשִׂיתֶם אֹתָם: וְנָתַתִּי גִשְׁמֵיכֶם בְּעִתָּם וְנָתְנָה הָאָרֶץ יְבוּלָהּ וְעֵץ הַשָּׂדֶה יִתֵּן פִּרְיוֹ: וְהִשִּׂיג לָכֶם דַּיִשׁ אֶת-בָּצִיר וּבָצִיר יַשִּׂיג אֶת-זָרַע וַאֲכַלְתֶּם לַחְמְכֶם לָשֹׂבַע וִישַׁבְתֶּם לָבֶטַח בְּאַרְצְכֶם"*.

אלוהים נתן לנו את מצוותיו בכדי שנוכל לדעת כיצד ניפגוש בו, נקבל את בִּרכותיו ותשובותיו לְתפילותינו – ובסופו של דבר נִחְייה בשלום ובאושר כל ימי חיינו.

סיבה אחרת לכך שעלינו לציית למצוות אלוהים – כולל עשרת הדיברות – הינה: עקב: חוקי הצדק של העולם הרוחני. כשם שלכל אומה יש חוקים משלה כך למלכות אלוהים יש חוקים שנֶחקקו על ידי אלוהים. למרות שאלוהים ברא את היקום והוא הבורא בעל הסמכות המוחְלטת והשליטה על הֶחיים, המוות, הקללות והברכות – אין הוא רודן. לכן למרות שהוא: בורא החוקים והתורה –

4
תורת אלוהים

הוא בעצמו עומד בַּאֲדיקות בַּחוקים אלה.

בדיוק כשם שאנו עומדים בחוקי המדינה בה אנו נתינים – אם קיבלנו את ישוע המשיח כמושיענו הרי שכאזרחי ממלכתו – עלינו לעמוד בצורה נכונה בחוקי אלוהים וממלכתו.

בספר מלכים א' פרק ב' 3 כתוב: *"וְשָׁמַרְתָּ אֶת-מִשְׁמֶרֶת יְהוָה אֱלֹהֶיךָ לָלֶכֶת בִּדְרָכָיו לִשְׁמֹר חֻקֹּתָיו מִצְוֹתָיו וּמִשְׁפָּטָיו וְעֵדְוֹתָיו כַּכָּתוּב בְּתוֹרַת מֹשֶׁה לְמַעַן תַּשְׂכִּיל אֵת כָּל-אֲשֶׁר תַּעֲשֶׂה וְאֵת כָּל-אֲשֶׁר תִּפְנֶה שָׁם".*

לשמור את מצוות אלוהים משמע: לציית לדִּברי אלוהים – כולל עשרת הדיברות – המוזכרות בכתבי הקודש. כשאתם שומרים מצוות אלה – תוכלו לקבל את הגנת אלוהים ואת בִּרכותיו ותשגשגו בכל אשר תלכו.

נהֲפוך הוא: כשתשברו את מצוות אלוהים: תהא לשטן האויב הזכות להביא עֲליכם פיתויים וקשיים – בכדי שאלוהים לא יוכל להגן עליכם. שבירת מצוות אלוהים פירושה: לחטוא וכתוצאה: תשועֲבּדו לחטא ולשטן – ובסופו של דבר תובלו לגיהינום.

אלוהים רוצה לברכינו.

לכן הסיבה העיקרית שבעֲטייה העֱניק לנו אלוהים את עשרת הדיברות הינה: שהוא אוהב אותנו ורוצה לברכינו. לא רק שהוא רוצה שנֶחֱווה ברכות נצחיות בשמיים, אלא אף בִּרצונו שנקבל את בירכותיו על האדמה ונשגשג בכל מה שנעשה כאן. כשנבין אהבה זו של אלוהים: נוכל להיות רק אסירי תודה לאלוהים על שנתן לנו את המצוות ובשמחה נציית למצוותיו.

ניתן לראות שברגע שילדים: מבינים כמה הוריהם אוהבים אותם – הם מנסים בכל הכוח לציית להוריהם. אף אם הם נכשלים בציותם להוריהם ומוענשים – מאחר והם מבינים כי הוריהם פועלים מתוך אהבה – הם עלולים לאמר: "אמא /

אבא – אֲנסה להיות טוב/ה יותר בפעם הבאה" – ובאהבה ירוצו לזרועות הוריהם. כשהם מתבגרים ויש להם הבנה עמוקה יותר בהקשר לאהבת הוריהם ולדאגתם כלפיהם – ישמרו הילדים את מה שהוריהם לימדום בכדי ליגרום לאושר.

אהבתם הכנה של ההורים היא הנותנת לילדים אלה את הכוח לציית. היינו הך לגבי זאת: שאנו עומדים בכל דִּברי אלוהים המוזכרים בכתבי הקודש. אנשים מנסים בכל מאודם לשמור את המצוות ברגע שהם מבינים שאלוהים אהב אותנו כל כך עד ששלח את בנו יחידו: ישוע המשיח – לעולם הזה בכדי למות במקומנו על העץ.

למעשה: ככל שהתעצמה האמונה בעובדה שישוע המשיח – שהיה נטול כל חטא – לקח את כל הרדיפות כשמת על העץ עקב חטאינו – כך תִּתְעַצֵּם השמחה שיש לנו כשאנו מצייתים למצוות.

הברכות שנקבל כשנעמוד במצוותיו.

אבות אֱמונתינו אשר צייתו לכל דברי אלוהים וחיו בַּאֲדיקות לפי מצוותיו: קיבלו ברכות גדולות וכיבדו את אלוהים האב מכל הלב מאירים עלינו כיום: את האור הנצחי של האמת שלעולם אינו דועך.

אברהם, דניאל ושאול השליח הינם חלק מאנשי האמונה הללו. אף כיום: ישנם אנשי אמונה הממשיכים לעשות את מה שאנשים אלה עשו.

לדוגמא: נשיאה השישה-עשר של ארצות הברית: אברהם לינקולן למד תִּשעה חודשים – אך בעקב האישיות ראויית השבח והמעלות: הוא נֶאֱהב ורכש את כבוד אנשים רבים כיום. אימו של אברהם לינקולן – ננסי הנקס לינקולן: נפטרה כשלינקולן היה רק בן תשע – אך בחייה: היא לימדה אותו לזכור על-פה פסוקים קצרים מכתבי הקודש ולציית למצוות אלוהים.

משידעה שהיא עומדת למות – קראה לְבנה והשאירה איתו את המילים הבאות: "אני רוצה שתאהב את אלוהים ותציית למצוותיו". כשאברהם לינקולן התבגר הוא הפך לפוליטיקאי מפורסם – ושינה את ההיסטוריה במלחַמתו לסיום

השעבוד כששים-וששת ספרי כתבי הקודש היו תמיד לצידו. לאנשים כלינקולן – אשר נשארו קרוב לאלוהים ושמרו את דבריו – מפגין אלוהים תמיד את עדות אהבתו.

זמן לא רב לאחר ייסוד קהילתינו – ביקרתי בבית זוג שהיה נשוי במשך שנים רבות אך ניבצר מהם להביא ילדים לעולם. בהדרכת רוח הקודש: הובלתי את ההלל ובירכתי את הזוג. לאחר מכן ביקשתי מהם בקשה: בכל יום ראשון שימרו את יום האדון קדוש בהשתחוויה לאלוהים, תנו את המעשר וצייתו לעשרת הדיברות.

הזוג המאמין הֶחדש החל ליטול חלק בַּאֲסיפות יום ראשון ולתת מעשר – לפי מצוות אלוהים. כתוצאה: קיבלו את בירכת הבאת ילדים לעולם וילדו ילדים בריאים. הם אף בורכו בְּברכות כספיות. כעת משרת הבעל בְּקהילתינו: כְּזקן קהילה – והמשפחה כולה מהווה תמיכה גדולה בסיוע ובהכרזת הבשורה.

שמירת מצוות אלוהים הינה: כלהַחזיק מנורה בַּחֲשכה מוחֶלטת. כשיש לנו מנורה מוארת: לא יהא עלינו לחשוש למעוד במשהו בחשיכה. באורח דומה-כאשר אלוהים – שהוא האור: נמצא עימנו, שומר עלינו בכל מצב – נוכל ליהנות מהברכות והסמכות המוקצות לכל ילדי אלוהים.

המפתח לקבלת כל מה שתבקשו.

באיגרת הראשונה ליוחנן פרק ג' 21 – 22 נאמר: "אֲהוּבַי, אִם לְבָבֵנוּ אֵינוֹ מַרְשִׁיעַ אוֹתָנוּ, עֹז לָנוּ לִפְנֵי אֱלֹהִים; וְכָל אֲשֶׁר נְבַקֵּשׁ נְקַבֵּל מִמֶּנּוּ, מִפְּנֵי שֶׁשּׁוֹמְרִים אָנוּ אֶת מִצְווֹתָיו וְעוֹשִׂים אֶת הַטּוֹב בְּעֵינָיו".

אין זה גדול לדעת שאם רק נציית למצוות המוזכרות בכתבי הקודש ונעשה את המשביע את רצון אלוהים: נוכל באומץ לבקש ממנו הכל והוא ישיב לנו? אלוהים לבטח: שמח מאוד, מתבונן בעיניו הבוערות בִּילדיו הצייתנים ויכול לענות על כל תפילותיהם – לפי חוקי העולם הרוחני!

לכן עשרת דיברות אלוהים הינן: ספר-לימוד לאהבה המלמדת אותנו את הדרך הטובה ביותר לקבלת ברכות אלוהים בעת הטיפוח שלנו כאן על פני האדמה. המצוות מלמדות אותנו כיצד נוכל לחֲמוק מן היסורים או הָאסונות וכיצד נוכל להתברך.

אלוהים לא נתן לנו את עֲשרת הדיברות בכדי להעֲניש את אלו שאינם מצייתים להן – אלא בכדי לתת לנו ליהנות מהברכות הנצחיות בממלכת השמיים היפיפייה שלו בצייתנות למצוותיו (האיגרת הראשונה לטימותיאוס פרק ב': 4). כשאתם חשים ומבינים את לב אלוהים וחיים לפי מצוותיו – תוכלו לקבל אף יותר מאהבתו.

כמו כן: בעת שתלמדו כל מצווה מקרוב – וכשתצייתו לחֲלוטין לכל מצווה בכוח שאלוהים מספק לכם באהבתו – עליכם להיות מסוגלים לקבל את כל הברכות שתרצו לקבל ממנו.

פרק ב

הדיברה הראשונה:
"לֹא־יִהְיֶה לְךָ אֱלֹהִים אֲחֵרִים עַל־פָּנָי"

שמות פרק כ׳: 1 – 3:

"וַיְדַבֵּר אֱלֹהִים אֵת כָּל-הַדְּבָרִים הָאֵלֶּה לֵאמֹר: אָנֹכִי יְהוָה אֱלֹהֶיךָ אֲשֶׁר הוֹצֵאתִיךָ מֵאֶרֶץ מִצְרַיִם מִבֵּית עֲבָדִים לֹא-יִהְיֶה לְךָ אֱלֹהִים אֲחֵרִים עַל-פָּנָיַ".

שני אנשים האוהבים זה את זו – חשים אושר רק בלהיות יַחדיו. לכן שני אהובים לא יחושו את הקור בִּהיותם יַחדיו באמצע החורף – לכן הם יכולים לעשות את מה שהָאחר מבקש מהם לעשות – לא חשוב מהי מידת קושי הדבר – כל עוד זה מסב אושר לאחר. אף אם עֲליהם להקריב את חייהם בעֲבור הָאחר, הם חשים אושר שהם יכולים לעשות משהו זה לזו – וחשים אושר כשהם רואים את האושר בפני בן/בת הזוג.

זה דומה לאהבתנו לאלוהים. אם באמת אנו אוהבים את אלוהים – הרי שהציות למצוותיו לא יְהֱוה עול – אלא זה אָמור להסב לנו אושר.

על ילדי אלוהים לציית לַעֲשרת הדיברות.

כיום ישנם אנשים הקוראים לעצמם מאמינים ואומרים: "איכה נוכל לציית לכל עשרת דיברות אלוהים?" באופן בסיסי הם אומרים שמאחר וַאֲנשים אינם מושלמים – בלתי אפשרי לציית לַעֲשרת הדיברות. נוכל רק לנסות לציית לכל המצוות.

אך באיגרת הראשונה ליוחנן פרק ה' 3 כתוב: *"הֵן זֹאת הִיא אַהֲבַת אֱלֹהִים, שֶׁנִּשְׁמֹר אֶת מִצְוֹתָיו וּמִצְוֹתָיו אֵינָן קָשׁוֹת"*. משמעות הדבר-שהוכחת אהבתנו לאלוהים הינה: הצייתנות שלנו למצוותיו ומצוותיו אינן קשות כל כך שלא נוכל לציית להן.

בעידן התנ"ך: היה על האנשים לציית למצוות מרצונם וּבכוחם הָעצמי – אך כעת בעידן הברית הֲחדשה: כל המקבל/ת את ישוע המשיח כמושיעו/ה מקבל/ת את רוח הקודש העוזרת לו/לה לציית.

רוח הקודש הינה אחת עם לב אלוהים. תפקיד רוח הקודש הינו: לעזור לילדי אלוהים. לכן רוח הקודש: משתדלת לפרקים בעֲדנו, מנחמת אותנו, מדריכה את

מֵעֲשינו ושופכת את אהבת אלוהים עלינו. בכדי שנוכל להילחם נגד החטא – אף עד זוב דם – ונפעל לפי רצון אלוהים (מיפעלות השליחים פרק ט': 31, פרק כ': 28; האיגרת אל הרומיים פרק ה': 5 ופרק ח': 26).

כשנקבל כוח זה מרוח הקודש: נוכל להבין לעומק את אהבת אלוהים – אשר נתן לנו את בנו יחידו – ואז נוכל בקלות לציית לכל מה שאיננו יכולים לציית לו מרצוננו ובכוחנו. ישנם אנשים שעדיין אומרים שקשה לציית למצוות אלוהים ואף אינם מנסים לציית להן. הם ממשיכים לחְיות באמצע החטא. אנשים אלה אינם אוהבים את אלוהים באמת ממעמקי ליבם.

באיגרת הראשונה ליוחנן פרק א' 6 נאמר: *"אִם נֹאמַר שֶׁהִתְחַבְּרוּת לָנוּ אִתּוֹ וְנִתְהַלֵּךְ בַּחֹשֶׁךְ, דּוֹבְרֵי שֶׁקֶר אֲנַחְנוּ וְאֵינֶנּוּ מְקַיְּמִים אֶת הָאֱמֶת"* – ובאיגרת הראשונה יוחנן פרק ב' 4 נאמר: *"הָאוֹמֵר "אֲנִי מַכִּיר אוֹתוֹ" וְאֵינוֹ שׁוֹמֵר אֶת מִצְווֹתָיו, דּוֹבֵר שֶׁקֶר הוּא וְהָאֱמֶת אֵינֶנָּה בּוֹ". "וְאֵינוֹ שׁוֹמֵר אֶת מִצְווֹתָיו, דּוֹבֵר שֶׁקֶר הוּא וְהָאֱמֶת אֵינֶנָּה בּוֹ"*.

אם דבר אלוהים – שהוא האמת וזרע החיים – נמצא במישהו: אין הוא יכול לבצע חטא. הוא יודרך להתהַלך בּאֱמת. לכן אם מישהו טוען שהוא מאמין באלוהים אך איננו מציית למצוותיו – משמעות הדבר שהאמת איננה באמת בתוכו – והוא משקר בפני אלוהים.

אם כן: מהי הדיברה הראשונה שעל ילדי אלוהים לציית לה – והיא מוכיחה את אהבתם אליו?

"לֹא-יִהְיֶה לְךָ אֱלֹהִים אֲחֵרִים עַל-פָּנָי".

ההפנייה "לך" כאן מתייחסת למשה: אשר קיבל ישירות מאלוהים את עֲשרת הדיברות, לבני ישראל אשר קיבלו את המצוות דרך משה – וכיום לכל ילדי אלוהים אשר נושעו בשם הָאֲדוֹן. מדוע לדעתכם מצווה אלוהים על עמו במצווה הראשונה: לא לשים אלוהים אחרים על פניו?

זאת מאחר ואלוהים לבדו הינו האל החי באמת – והבורא הכל-יכול של היקום. כמו כן לאלוהים לבדו יש שליטה עליונה על: היקום, היסטוריית האנושות, החיים והמוות והוא נותן חיים וחיי נצח לבני האדם.

אלוהים הינו זה אשר: הושיענו משעבוד החטא בעולם הזה. לכן למעט אלוהים האחד והיחיד – אל לנו לשים אלים אחרים בליבנו.

אך אנשים טיפשים רבים מרחיקים עצמם מאלוהים ומבלים את חייהם בסגידה לאלילים רבים. יש מי שסוגד לפסלו של בודהה, שאינו יכול אף למצמץ, יש הסוגדים לאבנים, כמה סוגדים לעצים זקנים – ואחרים פונים לקוטב הצפוני וסוגדים לו.

ישנם הסוגדים לטבע וקוראים בשמותיהם של הרבה אלילי שקר רבים בסגידה לאנשים מתים. לכל גזע ואומה יש את מנת חלקם מאלילים. ביפן בלבד אומרים שישנם אלילים כה רבים שהמספר מגיע לשמונה מיליון אלילים.

אם כן מדוע לדעת ממציאים אנשים את כל האלילים הללו וסוגדים להם? זאת מאחר והם מחפשים דרך לנחם את עצמם, או שהם הולכים בדרך מנהגי אבותיהם שהינה טעות בפני עצמה. או אולי הם בעלי רצון אנוכי לקבל יותר ברכות או יותר מזל טוב בסגידה לאלילים כה רבים.

אך דבר אחד עלינו להבהיר והוא שלמעט אלוהים הבורא: אין לאף אליל כוח לתת לנו ברכות – שלא לדבר על להושיענו.

הוכחות בטבע על אלוהים הבורא.

באיגרת אל הרומים פרק א' 20 כתוב: *"הֲלֹא עַצְמוּתוֹ הַנֶּעְלֶמֶת, הִיא כֹּחוֹ הַנִּצְחִי וֵאלֹהוּתוֹ, נִרְאֵית בְּבֵרוּר מֵאָז בְּרִיאַת הָעוֹלָם בִּהְיוֹתָהּ נִתְפֶּסֶת בַּשֵּׂכֶל בְּאֶמְצָעוּת הַדְּבָרִים שֶׁנִּבְרְאוּ. לָכֵן אֵין לָהֶם בַּמֶּה לְהִצְטַדֵּק"*. אם ניסקור את חוקי היקום: נוכל לראות שהבורא קיים בהחלט – ושישנו אך ורק אלוהים בורא אחד.

לדוגמא: כשאנו מסתכלים על הגזע האנושי על פני האדמה – לגוף כל האנשים יש אותו מבנה ותפקוד. בין אם האדם לבן או שחור – לא חשוב מאיזה גזע הם: יש להם שתי עיניים, שתי אוזניים, אף אחד ופה אחד והם ממוקמים כמעט באותו מקום בפנים. כמו כן זה היינו הך: לגבי הַחיות.

הפילים הינם חיות בעלות: חדק (אף) ארוך, ונחיריים. הארנבות עם אוזנייהן הָארוכות. לאריות האכזריים יש את אותו מספר עיניים. הפה והאוזניים ממוקמים באותם המקומות כמו לְבני הָאדם. יצורים חיים רבים כגון: חיות, דגים, ציפורים ואף החרקים – למעט מספר מאפיינים העושים אותם שונים אחד מהשני – הינם בעל אותו התפקוד ומבנה גוף. זה מוכיח שישנו *בורא אחד בלבד*.

התופעה הטבעית אף היא מוכיחה בבירור את קיומו של אלוהים הבורא. פעם ביום מסתובב כדור הארץ סביב צירו, פעם בשנה: הוא עושה הקפה שלמה מסביב לשמש. פעם בחודש: מסתובב הירח סביב כדור הארץ. עקב הסיבובים וההקפות הללו נוכל לחֲוות התרחשויות טבעיות רבות באופן סדיר. יש לנו את הלילה ואת היום – ואת ארבעת העונות השונות. יש לנו גיאות ושפל – ומחמת ההבדל התרמי [או טרמי מלטינית: קשור בחום] אנו חווים את מַחֲזור האטמוספירה [מעטפת גזים סביב כוכב; אווירה, תחושה, סביבה רוחנית, חלל האוויר; יחידת לחץ אוויר].

מיקום ותנועת כדור הארץ גורמים לכוכב-לכת זה להיות משכן מושלם: להישרדות האנושות וכל היצורים החיים. המרחק בין השמש וכדור הארץ לא יהא קרוב ואף לא רחוק יותר. המרחק שבין השמש לכדור הארץ היה תמיד במרחק המושלם מעת תחילת הזמן – והרוטציה [מלטינית: סיבוב – מַחֲזוֹרִיּוּת. הֶסְכֵּם בֵּין שְׁנֵי הַמֻּעֲמָדִים עַל רוֹטַצְיָה בִּכְהֻנַּת רֹאשׁ הָעִירִיָּה או הממשלה] והקפת כדור הארץ סביב השמש מתרחשת כבר זמן רב ללא שבריר של טעות כלשהי מאחר והיקום נברא על ידי אלוהים ומתפקד תחת חוכמת אלוהים: דברים כה רבים שאין להעֲלותם על הדעת – אותם ייבצר מבני האדם להבינם לחֲלוטין – מתרחשים בכל יום.

עם כל ההוכחות הברורות הללו: לא יוכל מישהו לתרץ תירוץ זה ביום הדין:

"לא יכולתי להאמין כי לא ידעתי שאלוהים קיים באמת".

יום אחד ביקש סיר אייזק ניוטון: ממכונאי מנוסה לבנות דגם מתוחכם למערכת השמש. ידיד שאינו מאמין באלוהים בא לבקר אותו יום אחד וראה את דגם מערכת השמש. ללא מַחֲשבה רבה הוא סובב את הארכובה ודבר מדהים התרחש: כל כוכב-לכת בדגם החל להסתובב סביב השמש במהירויות שונות!

נבצר מן הידיד להסתיר את תדהמתו והוא אמר במפתיע: "זה דגם מצוין באמת! מי יצר אותו?" מה לדעתם ענה ניוטון? תשובתו: "אוי, אף אחד לא עשה אותו. הוא התחבר יחד במקרה".

הידיד חש שניוטון מתבדח איתו והשיב בִּשאלה: "מה?! חושב אתה שאני טיפש? איכה דגם מורכב כזה מופיע לפתע פתאום?"

כאן ענה ניוטון: "זה רק דגם קטן למערכת השמש האמיתית. אתה מתווכח עימי שדגם פשוט כזה אינו מורכב בלי מעצב או מישהו שיִבנהו. אם כן: איכה תוכל להסביר למישהו שמאמין כי מערכת השמש האמיתית – המורכבת והמרווחת כל כך נוצרה ללא בורא?"

ניוטון כתב זאת בספרו: "היסודות המתמטיים של פילוסופיית הטבע" – הנקרא לרוב פרינסיפיה: "מערכת השמש הזו הינה היפה ביותר. כוכבי הלכת וכוכב השביט: יכולים להמשיך רק מעצתה וריבונותה של ישות בעלת מנת שכל גבוהה ורב עוצמה ניצחית ואינסופית.... זהו: אלוהים הנצחי והאינסופי".

לכן מספר רב של מדענים הלומדים את חוקי הטבע הינם: משיחיים. ככל שהם לומדים יותר על הטבע והיקום – כך הם מגלים את כוחו רב – העוצמה של אלוהים.

כמו כן: דרך הניסים והאותות המתרחשים ומופגנים למאמינים – ע"י משרתי

17
"לֹא-יִהְיֶה לְךָ אֱלֹהִים אֲחֵרִים עַל-פָּנָי"

ועובדי אלוהים האהובים ומוכרים על ידו – ודרך היסטוריית הָאדם שמימשה את הנבואות מכתבי הקודש מראה לנו אלוהים מראה עדויות רבות בכדי שנאמין בו: אלוהים הָחי.

אנשים המכירים באלוהים הבורא מבלי להקשיב לבשורה.

אם תתבוננו בהיסטוריית האנושות: תוכלו לראות אנשים בעלי לב טוב שמעולם לא שמעו את הבשורה מכירים באלוהים הבורא האחד והיחיד וניסו לחְיות בצדק.

אנשים בעלי לבבות לא טהורים ומבולבלים סגדו לאלילים רבים שונים בכדי לנסות לנחם את עצמם. מאידך: אנשים בעלי לבבות נקיים וְישרים השתחוו ושירתו רק אלוהים אחד – הבורא,. למרות שלא ידעו על אלוהים.

לדוגמא האדמירל סונשין יי: שחי בעידן שושלת צ'וסאן בקוריאה. הוא שירת את: מדינתו, מלכו ועמו כל חייו. הוא כיבד את הוריו ולאורך כל ימי חייו: מעולם לא ניסה לבקש תועלת לעצמו – אלא הקריב עצמו למען אחרים. למרות שלא ידע על אלוהים ועל אֲדוֹנֵנו ישוע: הוא לא סגד לשאמאן, לשדים או לרוחות הטומאה – אלא שבמצפון טוב: הוא רק הסתכל לעבר השמיים והאמין בבורא אחד.

האנשים הטובים הללו מולם לא למדו את דבר אלוהים: אך ניתן לראות שתמיד ניסו להוביל חיים כנים ונקיים. אלוהים פתח את הדרך לְישועה אף לאנשים כאלה ע"י דבר הנקרא: "משפט המצפון". זוהי דרך אלוהים לְישועת אנשים אלה בתקופת התנ"ך – או לאנשים לאחר תקופת ישוע המשיח שמעולם לא הייתה להם הזדמנות להאזין לבשורה.

באיגרת אל הרומיים פרק ב' 14 – 15 כתוב: *"גּוֹיִם שֶׁאֵין לָהֶם תּוֹרָה וְהֵם מְקַיְּמִים אֶת דִּבְרֵי הַתּוֹרָה כְּדָבָר מוּבָן מֵאֵלָיו, הֵם תּוֹרָה לְעַצְמָם אַף שֶׁאֵין לָהֶם*

תּוֹרָה. הֵם מַרְאִים שֶׁפֹּעַל הַתּוֹרָה כָּתוּב בְּלִבָּם, שֶׁכֵּן מַצְפּוּנָם מֵעִיד בָּהֶם וּמַחְשְׁבוֹתֵיהֶם מְחַיְּבוֹת אוֹ מְזַכּוֹת אוֹתָם".

כשאנשים בעלי מצפון טוב מאֲזינים לבשורה: הם מקבלים את הָאֲדוֹן בליבם בקלות רבה. אלוהים מתיר לנפשות הללו להישאר באופן זמני בקבר העליון כדי שיוכלו להיכנס לשמיים.

כשחיי הָאדם מגיעים לקיצם עוזבת הרוח את הגוף. הרוח נשארת באופן זמני במקום הנקרא: "קבר". הקבר הינו: מקום זמני בו לומדים להסתגל לעולם הרוחני לפני שהוא הולך לְמקומו בנצח. מקום זה מחולק: ל"קבר העליון" בו ממתינים הנושעים – ול "קבר התחתון": מצפים בייסורים אלה שלא נושעו (בראשית פרק ל"ז: 35; איוב פרק ז': 9; במדבר פרק ט"ז: 33; לוקס פרק ט"ז).

מאידך נאמר במפעָלות השליחים פרק ד'12: *"וְאֵין יְשׁוּעָה בְּאַחֵר, כִּי אֵין שֵׁם אַחֵר נָתוּן לִבְנֵי אָדָם תַּחַת הַשָּׁמַיִם, וּבוֹ עָלֵינוּ לְהִוָּשַׁע"*. לכן: בכדי לוודא שהנפשות בקבר העליון תקבלנה הזדמנות להקשיב לבשורה הלך ישוע לקבר העליון לַחֲלוק עימם את הבשורה.

הכתובים תומכים בעובדה זו. באיגרת הראשונה לביפא פרק ג' 18 – 19 נאמר: *"הֵן גַּם הַמָּשִׁיחַ מֵת לְכַפָּרַת חֲטָאִים, אַחַת וּלְתָמִיד, הַצַּדִּיק בְּעַד הָרְשָׁעִים, כְּדֵי לְקָרֵב אוֹתָנוּ אֶל הָאֱלֹהִים. הוּא הוּמַת בִּבְשָׂרוֹ, אַךְ הֶחֱיָה בָּרוּחַ וּבָהּ גַּם הָלַךְ וּבִשֵּׂר לָרוּחוֹת הַכְּלוּאוֹת בַּמַּאֲסָר"*. הנפשות "הטובות" הללו בקבר העליון: הוכרו ע"י ישוע, קיבלו את הבשורה ונושעו.

לכן לאנשים שחיו במצפון טוב והאמינו בבורא האחד: בין אם חיו בתקופת התנ"ך או שמעולם לא שמעו על הבשורה או התורה – הביט אלוהי הצדק על עומק לבבם ופתח את דלת הישועה למענם.

מדוע ציווה אלוהים על עמו לא לשים אל אחר לפניו.

מדי פעם אומרים הלא מאמינים: "המשיחיות דורשת מהאנשים להאמין רק באלוהים אחד. זה לא גורם לדת להיות לא גמישה וּבלעדית?
ישנם אנשים הטוֹענים לאמונתם אך סומכים על: קריאת-הכף, כישוף, קסם וּקמיעות.

אלוהים הורה לנו בְּמפורש לא להתפשר בְּתחום זה. הוא אמר: "לֹא-יִהְיֶה לְךָ אֱלֹהִים אֲחֵרִים עַל-פָּנָי". משמע שאסור לנו להתְחַבר עם או לברך אלילי שקר או ייצור אחר של אלוהים. אל לנו לשימם כשווים לאלוהים בכל דרך שהיא.

ישנו רק בורא אחד אשר ברא אותנו. רק הוא יכול לברכינו – ורק הוא יכול להעֲניק לנו חיים. אלילי השקר וכל הפסלים שהאנשים סוגדים להם בסופו של דבר הינם: השטן האוייב. הם עויינים לאלוהים.

השטן האוייב מנסה לבלבל את האנשים בכדי שייתרחקו מאלוהים. בְּסגידה לְדברים שהינם: שקר יסתיים הדבר בְּסגידה לשטן – והם בדרך לְנפילהתם הָעֲצמית.
לכן אנשים הטוענים לאמונה באלוהים אך עדיין סוגדים בליבם לאלילי שקר – נמצאים עדיין תחת שיעבוד השטן האוייב. לשם כך הם ממשיכים להתנסות בכאב ובצער וסובלים ממחלות וּממצוקות.

אלוהים הינו: אהבה – ואין בְּרצונו שעַמו יסגוד לאלילי שקר ויילך לעֲבר מוות נצחי. לכן הוא מצווה שלא יהיו לנו אלים אחרים על פניו. רק בהשתחֲווייה לו בלבד – נוכל לקבל חיי עולם – ונוכל לקבל ממנו ברכות בשפע בחיינו כאן על פני האדמה.

עלינו לקבל ברכות כשניסתמך על אלוהים בלבד.

בדברי הימים א' פרק ט"ז 26 כתוב: *"כִּי כָּל-אֱלֹהֵי הָעַמִּים אֱלִילִים וַיהוָה שָׁמַיִם עָשָׂה"*. אם אלוהים לא אמר מעולם: "לֹא-יִהְיֶה לְךָ אֱלֹהִים אֲחֵרִים עַל-פָּנָי" – היו האנשים הססניים – או אף שכמה מן המאמינים עלולים ללא מודעות למצוא עצמם סוגדים לאלילי שקר ובדרך למוות הנצחי.

נוכל לראות זאת רק בהיסטוריית ישראל לבדה. מבין כל הָעמים הָאחרים – למדו בני ישראל על: בורא היקום האחד והיחיד – וחוו את כוחו פעמים רבות. אך במרוצת הזמן: הם התרחקו מאלוהים והחלו לסגוד לאלילים ולאלים אחרים. הם חשבו שאלילי הגויים נראו טוב לכן: החלו לסגוד לאלים הללו יחד בנוסף לאלוהים. כתוצאה הם התנסו: בכל סוגי הפיתויים, המצוקות והמגיפות שהשטן האויב הביאו עליהם. רק כשלא היו מסוגלים לשאת יותר את הכאב והקושי הם החלו להתחרט ולשוב בְּתשובה לאלוהים.

הסיבה שבעֱטייה אהב אלוהים וסלח להם פעם אחר פעם והצילם מצרותיהם הייתה: מאחר ולא רצה לראותם חווים מוות נצחי כתוצאה מסגידה לאלילי שקר.

אלוהים מראה לנו תמיד עדויות להיותו: הבורא ואלוהים הָחי – וזאת בכדי שנוכל להשתחֲוות לו – אך ורק לו. אלוהים הושיעָנו מחטאותינו על ידי: בנו יחידו – ישוע המשיח, הבטיח לנו חיי נצח ונתן לנו את התקווה לחיי נצח בשמיים.

אלוהים עוזר לנו לדעת ולהאמין שהוא האלוהים הָחי בכך שהוא מפגין: ניסים, אותות ונפלאות דרך אנשים, ס"ו [ששים – וששת] ספרי כתבי הקודש וההיסטוריית האנושות.

כתוצאה מכך: עלינו לסגוד בנאמנות לאלוהים – בורא היקום ובעל השליטה על כל מה שבתוכו. כילדיו: עלינו לשאת שפע פירות טובים בהסתמכות אך ורק עליו.

פרק ג

הדיברה השנייה:
"לֹא-תַעֲשֶׂה לְךָ פֶסֶל, לֹא-תִשְׁתַּחֲוֶה לָהֶם וְלֹא תָעָבְדֵם"

שמות פרק כ׳ 3 – 5:

"לֹא-תַעֲשֶׂה לְךָ פֶסֶל וְכָל-תְּמוּנָה אֲשֶׁר בַּשָּׁמַיִם מִמַּעַל וַאֲשֶׁר בָּאָרֶץ מִתָּחַת וַאֲשֶׁר בַּמַּיִם מִתַּחַת לָאָרֶץ: לֹא-תִשְׁתַּחֲוֶה לָהֶם וְלֹא תָעָבְדֵם כִּי אָנֹכִי יְהוָה אֱלֹהֶיךָ אֵל קַנָּא פֹּקֵד עֲוֹן אָבֹת עַל-בָּנִים עַל-שִׁלֵּשִׁים וְעַל-רִבֵּעִים לְשֹׂנְאָי: וְעֹשֶׂה חֶסֶד לַאֲלָפִים לְאֹהֲבַי וּלְשֹׁמְרֵי מִצְוֹתָי".

"הָאָדוֹן מת על העץ למעני. איכה יהא באפשרותי להכחיש את הָאָדוֹן עקב הפחד מפני המוות? אני מעדיף למות עשר פעמים למען הָאָדוֹן ולא לבגוד בו ולחיות עד מאה, או אלף שנים חסרות כל משמעות. יש לי אך ורק מחוייבות אחת. אנא עזרו לי לגבור על כוח המוות בכדי שלא אָמיט חרפה על הָאָדוֹן שלי בכדי להישאר בחיים".

זוהי הודאתו של קי-צ'ול צ'וו הניכבד – אשר מת לאחר שסירב להשתחֲוות לפני מקדש יפני. סיפורו נמצא בספר: יותר ממנצחים – זהו סיפור מותו של קי-צ'ול צ'וו הניכבד. מבלי להתכווץ בפחד מחרב או רובה: ויתר קי-צ'ול צ'וו הניכבד על חייו בכדי לציית למצוות אלוהים שלא להשתחֲוות לאלילים.

"לֹא-תַעֲשֶׂה לְךָ פֶסֶל [וְכָל תְּמוּנָה] – לֹא-תִשְׁתַּחֲוֶה לָהֶם וְלֹא תָעָבְדֵם".

כְּמשיחיים: עלינו לאהוב ולהשתחֲוות לאלוהים – אך ורק לאלוהים. לכן נתן לנו אלוהים את המצווה הראשונה: *"לֹא-יִהְיֶה לְךָ אֱלֹהִים אֲחֵרִים עַל-פָּנָי"*. בכדי לֶאסור לחָלוטין את הסגידה לאלילים – נתן אלוהים את המצווה השניה: *"לֹא-תַעֲשֶׂה לְךָ פֶסֶל, לֹא-תִשְׁתַּחֲוֶה לָהֶם וְלֹא תָעָבְדֵם"*.

במבט ראשון: הינכם עלולים לחָשוב שהמצווה הראשונה והשנייה הן היינו הך. אך הן מופרדות כשתי מצוות מאחר והן שונות במובנן מבחינה רוחנית. הדיברה הראשונה הינה: אזהרה כנגד האמונה באלים רבים – והיא אומרת לנו להשתחֲוות ולאהוב אך ורק את אלוהים הָאמיתי והיחיד.

הדיברה השנייה הינה לֶקח כנגד הסגידה לאלילי שקר ומעֱיין הסבר לברכות אשר תקבלו כשתשתחֲוו ותאהב ואת אלוהים. הבה נעיין מקרוב במובן המילה: 'פסל' או 'אליל'.

המובן הפיזי של: "אליל".

ניתן לפרש את המילה בִשתי דרכים: הפסל הפיזי והאליל הרוחני. ראשית במובן הפיזי – "הפסל" הינו: "צורה או אובייקט חומרני המיוצר כדי לייצג אל שאין לו צורה פיזית שאליו מפנים את הסגידה".

במילים אחרות – הפסל יכול להיות כל דבר: עץ, סלע, צורת אדם, יונקים, חרקים, ציפורים, יצורי מים, השמש, הירח, הכוכבים שבשמיים, או משהו המיוצר בדימיון האנושי שמישהו יכול לחֲשל: מפלדה, כסף, זהב או כל דבר קיים שמישהו יכול להעֲריך ולסגוד לו. אך פסל המיוצר על ידי בני אדם אין בו חיים – לכן אינו יכול לתת מענה ולא לברככם. אם האנשים – הֶעשויים בצלם אלוהים: יצרו דמות אחרת במו ידיהם,סגדו לה וּביקשו ממנה לברכם – לבטח זה ייראה טיפשי וּמצחיק!

בִישעיהו פרק מ"ו 6 – 7 נאמר: *"הַזָּלִים זָהָב מִכִּיס וְכֶסֶף בַּקָּנֶה יִשְׁקֹלוּ יִשְׂכְּרוּ צוֹרֵף וְיַעֲשֵׂהוּ אֵל יִסְגְּדוּ אַף-יִשְׁתַּחֲווּ: יִשָּׂאֻהוּ עַל-כָּתֵף יִסְבְּלֻהוּ וְיַנִּיחֻהוּ תַחְתָּיו וְיַעֲמֹד מִמְּקוֹמוֹ לֹא יָמִישׁ אַף-יִצְעַק אֵלָיו וְלֹא יַעֲנֶה מִצָּרָתוֹ לֹא יוֹשִׁיעֶנּוּ"*.

לא רק שפסוקים אלה מתייחסים ליצירת פסלים וּלסגידה להם – אלא מתייחס לאמונה בקמיעות כמרחיקות את ביש המזל או המבצעות טקסי הקרבה בִּסגידה למתים. אף אמונת הָאנשים באמונות טְפלות והתעסוקה בכישוף נופלות במַחֲלקה זו. האנשים חושבים שהקמיעות מסלקות את הקשיים וּמביאות מזל טוב – אך זה אינו נכון. מבחינה רוחנית: אנשים עירניים יכולים לראות שרוחות הרוע הָחשוכים נמשכים למעשה למקומות בם נמצאים הקמיעות והפסלים – בסופו של דבר מביאים אֲסונות וסבל לאנשים בכך שהם נדבקים אליהם. מלבד אלוהים הָחי: אין כל אליל אחר המסוגל להביא ברכות אמיתיות לאנשים. אלילים אחרים זאת מאחר ולאנשים יש נטייה לרצות להשביע את רצונם בִּדברים שהם יכולים לראות פיזית, להרגיש ולחוש.

נוכל להבין את נפש הָאדם דרך מבט בִּבני ישראל שעלו ממצרים. כשהם צעקו לאלוהים לגבי הייסורים ועבודה הפֶּרֶך במשך 400 שנות עבדותם – הסמיך אלוהים את משה כמנהיגם בעת יציאת מצרים – והפגין לעייניהם אותות וניסים רבים בכדי שתהא אמונה בתוכם.

משסירב פרעה להתיר להם ללכת – הטיל אלוהים את עשרת מכות מצרים. כשחסם ים-סוף את דרכם של בני ישראל – חצה אלוהים את הים לִשניים. אף לחר שחוו ניסים אלה עדיין כששהה משה על הר סיני במשך ארבעים יום וארבעים לילה בכדי לקבל את את עשרת הדיברות – איבד העם את סבלנותו, יצר אליל וסגד לו. מאחר וּמשה – עבד אלוהים – לא נראה לעיין הם רצו לייצר משהו שיוכלו לראות ולעבוד אותו. הם יצרו עגל זהב וכינוהו: האליל אשר הוביליֵנו עד הלום. הם אף הקריבו לו קורבן, שתו, אכלו ורקדו בפניו. מקרה זה גרם לִבני ישראל להתנסות בזעם אלוהים.

מאחר ואלוהים הינו רוח נבצר מבני הָאדם לראותו, או לייצר דמות פיזית המייצגת אותו. לכן אסור לעולם לייצר פסל, לקרוא לו: אליל ואסור לסגוד לו.

בספר דברים פרק ד' 23 נאמר: *"הִשָּׁמְרוּ לָכֶם פֶּן-תִּשְׁכְּחוּ אֶת-בְּרִית יְהוָה אֱלֹהֵיכֶם אֲשֶׁר כָּרַת עִמָּכֶם וַעֲשִׂיתֶם לָכֶם פֶּסֶל תְּמוּנַת כֹּל אֲשֶׁר צִוְּךָ יְהוָה אֱלֹהֶיךָ"*. הסגידה לאלילים חסרי חיים נָכוח במקום לאלוהים – הבורא האמיתי: מזיקה לבני אדם יותר מאשר מביאה להם תועלת.

דוגמאות לִסגידה לאלילים.

מאמינים עלולים ליפול במלכודת סגידת האלילים אף מבלי לדעת זאת. לדוגמא: יש אנשים הָעלולים לסגוד: לתמונה של ישוע, או לפסל מריים הבתולה, או לַאֲחד מאבות האמונה.

מספר רב של אנשים עלול לחָשוב שזו אינה סגידה לאלילים – אך זוהי צורה של סגידה לאלילים אותה אין אלוהים אוהב. להלן דוגמא טובה: אנשים רבים קוראים למריים הבתולה: "אמא קדושה" – אך אם תלמדו את כתבי הקודש: תוכלו לראות שזוהי טעות מוחֶלטת.

הֵרָיון ישוע היה דרך רוח הקודש – לא מזרע וביצית של גבר ואישה. לכן: לא נוכל לקרוא למריים "אמא". לדוגמא: הטכנולוגיה הנוכחית מאפשרת לרופאים לח זרע איש וביצית של אישה במכונה המבצעת הפרייה מלאכותית. משמעות הדבר שאיננו יכולים לאמר שהמכונה הינה: "אמא" לילד אשר נולד דרך תהליך זה.

הריון ישוע – שהוא באותו טבע של אלוהים האב: היה דרך רוח הקודש. ישוע נולד דרך גופה של מריים בכדי שיוכל לבוא לעולם בגוף אנושי פיזי. לכן קורא ישוע קורא למריים: "אישה" – ולא "אמא" (בשורת יוחנן פרק ב': 4, פרק י"ט: 26). בכתבי הקודש: כשמריים מוזכרת כ "אם הָאָדוֹן" זה רק מאחר יזה נכתב מנקודת מבט תלמידי ישוע – אשר כתבו את כתבי הקודש.

בדיוק בטרם מותו אמר ישוע ליוחנן: *"הנה אימך!"* – בהתייחסו למריים. כאן ביקש ישוע מיוחנן: לטפל במריים כאילו הייתה אימו (בשורת יוחנן פרק י"ט: 27). ישוע ביקש זאת מאחר וניסה לנחם את מריים – כשהוא הבין את הצער בליבה – זו ששירתה אותו למן הרגע בו נכנסה להריון מרוח הקודש עד לרגע בו הגיע לבגרות השלמה בכוח אלוהים והפך לעצמאי.

בכל זאת: אין זה נכון להשתחַוות לפסל מריים הבתולה.

לפני מספר שנים בעת שביקרתי בְּמדינה מזרח תיכונית: הזמינני אדם רב השפעה וּבעת שיחתינו הראה לי שטיח מעניין במראהו. היה זה שטיח מלאכת יד אשר לא יסולא בפז שהעבודה עליו נימשכה שנים. עליו הייתה תמונה של ישוע – בשחור. מדוגמא זו: נוכל לראות שאף דמות ישוע אינה עקבית. הכל מסתמך על הָאמן או המעצב. לכן: אם היינו סוגדים או מתפללים לְדמות זו – לבטח

הייתה זו סגידת אלילים שהינה: דבר בלתי מקובל.

מה נֶחֱשב כ"פסל" ומה לא?

מדי פעם ישנם אלה הזהירים יתר על המידה – והם מתווכחים על כך ש "העץ" הנמצא בבתי קהילות הינו: סוג של סגידת אלילים. אולם: "העץ" [הצלב] אינו פסל. זהו סמל לבשורה בה מאמינים המשיחיים. הסיבה שבעֶטייה מביטים המאמינים בעץ הינה: בכדי להיזכר בדמו הקדוש של ישוע אשר נשפך למען חֲטאות האנושות וחסד אלוהים אשר נתן לנו את הבשורה. העץ אינו יכול להיות עצם לְסגידה ואף לא פסל.

היינו הך לגבי: ציור ישוע הנושא שה, *הסעודה האחרונה*, או כל פסל בו רצה הָאמן פשוט להביע מַחֲשבה.

ציור ישוע הנושא שה מראה: שישוע הינו רועה טוב. הָאמן לא יצר את ציור זה בכדי שיהפוך לעצם לְסגידה. אך אם מישהו מתחיל לסגוד לו, או לכרוע לו ברך – זה הופך לְסגידה לאלילים.

ישנם מקרים בם אומרים אנשים: "בתקופת התנ"ך – יצר משה פסל". הם מתייחסים לאירוע בו העם החל להתלונן כנגד אלוהים וכתוצאה: סבל מהכשת נחשים ארסיים במדבר. כשרבים עמדו למות בעקבות הכשת הנחשים הארסיים – יצר משה נחש מנחושת ותלהו על עמוד. אלו שצייתו לְדבר אלוהים והביטו בְּנחש הנחושת חיו – ושלא הביטו בו מתו.

אלוהים לא אמר למשה ליצור את נחש הנחושת בכדי שהעם ייסגוד לו. אלוהים פשוט רצה להראות לעם איור של: ישוע המשיח אשר יבוא יום אחד בכדי להושיעם מן הקללה בה הם נמצאים לפי החוקים הרוחניים.

האנשים אשר צייתו לאלוהים והביטו בְּנחש הנחושת: לא מתו עקב חטאם.

באורח דומה: הנפשות המאמינות שישוע המשיח מת על העץ בעֲבור חטאותיהן ומקבלות אותו כמושיען וַאֲדוֹנן: לא תמותנה עקב חטאותיהן – אלא תקבלנה חיי נצח.

בספר מלכים ב' פרק י"ח 4 נאמר: שבעת שהמלך הששה עשר של יהודה – חזקיהו השמיד את כל האלילים בישראל: *"הוּא הֵסִיר אֶת-הַבָּמוֹת וְשִׁבַּר אֶת-הַמַּצֵּבֹת וְכָרַת אֶת-הָאֲשֵׁרָה וְכִתַּת נְחַשׁ הַנְּחֹשֶׁת אֲשֶׁר-עָשָׂה מֹשֶׁה כִּי עַד-הַיָּמִים הָהֵמָּה הָיוּ בְנֵי-יִשְׂרָאֵל מְקַטְּרִים לוֹ וַיִּקְרָא-לוֹ נְחֻשְׁתָּן"*. זה מזכיר לאנשים פעם נוספת שלמרות שנחש הנחושת נוצר לפי פקודת אלוהים: אסור שיהפוך לעצם לְסגידה לאלילים – מאחר ולא הייתה זו כוונת אלוהים לגביו.

המובן הרוחני של "פסל".

בנוסף למובנה הפיזי של המילה *"פסל"* עלינו להבינה אף במובנה הרוחני. המשמעות הרוחנית של – "סגידת אלילים" הינה: "כל מה שהָאדם אוהב יותר מאת אלוהים". סגידת האלילים אינה מוקצֵית רק לְכריעת ברך בפני דמות בודהה או דמויות הָאבות הקדמוניים.

אם מתוך רצוננו האָנוכי אנו אוהבים את: ההורים, הבעל, האישה, או אף הילדים יותר מאשר את אלוהים – הרי שבמובן הרוחני: אנו הופכים את האהובים האלה ל "אלילים". אם נחֲשוב נשגבות על עצמנו ונאהב את עצמנו: אנו הופכים את עצמנו לאלילים.

כמובן: שאין משמעות הדבר שעלינו לאהוב רק את אלוהים ולא לאהוב אף אחד אחר. לדוגמא: אלוהים אומר לְילדיו שחובתם לאהוב את הוריהם באמת. הוא אף ציווה עליהם: *"כבד את אביך ואת אימך"*. אך אם אהבתנו להורים מביאה אותנו לְנקודה בה אנו מתרחֲקים מן האמת – הרי שנאהב את ההורים יותר מאת אלוהים ובכך אנו הופכים אותם: ל"אלילים".

למרות שהורינו הינם אלה שהביאו אותנו לעולם – אלוהים הינו זה: שברא את

30
תורת אלוהים

הזרע והביצית, או את זרע הֶחיים – עדיין אלוהים הינו: אבי הרוח שלנו. נניח שישנם הורים לא משיחיים שאינם מְאַשרים לילדיהם ללכת לאסיפת יום ראשון. אם ילדם – שהוא משיחי – אינו הולך בכדי להשביע את רצון הוריו – משמע: שהילד אוהב את הוריו יותר מאת אלוהים. לא רק שזה מְעַציב את לב אלוהים – אלא שמשמעות הדבר שהילד אינו באמת אוהב את הוריו.

אם הינכם אוהבים מישהו באמת: תרצו שאותו אדם ייוושע וישיג חיי נצח. זוהי אהבת אמת. לכן ראשית: עליכם לשמור את יום הָאָדוֹן קדוש – ולאחר מכן להתפלל למען ההורים ולחָלוק עימם את הבשורה מהר ככל האפשר. רק אז תוכלו לאמר שבאמת אוהבים אתם אותם.

אף ההפך הינו נכון. כהורים אם באמת הינכם אוהבים את ילדיכם – ראשית עליכם לאהוב את אלוהים ולאחר מכן לאהוב את ילדיכם באהבת אלוהים. לא חשוב כמה יקרים ילדיכם בעייניכם לא תוכלו להגן עליהם מן השטן האויב והמלשין בכוחכם האנושי המוגבל. לא תוכלו להגן עליהם מתאונת פתע – ולא לרפאם ממחלה שאינה מוכרת לרפואה המודרנית.

אך כשהוריכם משתחָווים לאלוהים ומבטיחים את ילדיהם בידי אלוהים ואוהבים אותם באהבת אלוהים – יגן אלוהים על ילדיהם ולא יתן להם רק חוזק רוחני ופיזי אלא יברכם בכדי שישגשגו בכל תחומי חייהם.

זה היינו הך לגבי אהבה בין בעל לאישה. זוג שאינו מודע לאהבתו האמיתית של אלוהים יהא לאל ידיהם לאהוב זה את זו רק אהבה בשרית. הם לפרקים יבקשו את תועלתם האישית לכן יתווכחו ביניהם. כעבור זמן מה אהבתם זה כלפי זו עלולה להשתנות.

אך כשזוג אוהב זה את זו באהבת אלוהים: יהא לאל ידיהם לאהוב זו את זה אף אהבה רוחנית. במקרה זה: הזוג לא יכעס או יתקוף זה את זו ולא ינסו להשביע את רצונותיהם האָנוכיים. במקום זאת הם ישתפו: אהבה בלתי משתנה, אמיתית ויפה.

לאהוב משהו או מישהו יותר מאת אלוהים.

רק כשאנו באהבת אלוהים ואוהבים את אלוהים האב – נוכל לאהוב באהבה אמיתית. לכן אומר לנו אלוהים ראשית: "לאהוב את אלוהים" ולאחר מכן: "לא יהיה לך אלוהים אחרים על פניי". אך לאחר ששמעְתם זאת אם תאמרו: "הלכתי לקהילה ואמרו לי שם לאהוב רק את אלוהים ולא את בני משפחתי" אז אתה נמצא באי-הבנה רצינית למשמעות הרוחנית של מצווה זו.

אם כמאמינים הינכם שוברים את מצוות אלוהים או מתפשרים עם העולם בכדי להתעשר, לקבל תהילה, או ידע, או כוח ובכך אתה מתרחק מללכת בדרך האמת, אתה עושה לעצמך אליל במובן הרוחני.

ישנם אף אנשים שלא שומרים את יום האדון קדוש או נכשלים במתן המעֲשר מאחר והם אוהבים את הממון יותר מאת אלוהים – למרות העובדה שאלוהים מבטיח לברך את נותני המעֲשר.

לעיתים תכופות תולים צעירים בחדרם תמונות של: זמרים, שחקנים, ספורטאים, או נגנים המועדפים עליהם, עושים סימניות מתמונותיהם, או אף אוספים את תמונותיהם בכיסיהם בכדי לשמור את הכוכבים האהובים עליהם קרוב לליבם. לפעמים צעירים אלה אוהבים את האנשים הללו יותר מאת אלוהים.

כמובן שתוכלו לאהוב ולכבד: שחקנים, שחקניות, ספורטאים וכו' – הטובים במה שהם עושים. אך אם תאהבו ותעריכו את דברי העולם עד הנקודה בה הינכם מרחיקים עצמכם מאלוהים אלוהים לא יהיה מרוצה. בנוסף לכך, הילדים הצעירים השופכים את כל ליבם בצעצועים מסוימים או במשחקי וידאו עלולים לסיים בכך שהם עושים מהצעצועים הללו אלילים.

קינאת אלוהים נובעת מאהבה.

לאחר שנתן לנו אלוהים מצווה חזקה נגד הסגידה לאלילים – הוא מספר לנו

על הברכות למצייתים לו – ועל התוכחה לאלו שאינם מצייתים לו.

"לֹא-תִשְׁתַּחֲוֶה לָהֶם וְלֹא תָעָבְדֵם כִּי אָנֹכִי יְהוָה אֱלֹהֶיךָ אֵל קַנָּא פֹּקֵד עֲוֹן אָבֹת עַל-בָּנִים עַל-שִׁלֵּשִׁים וְעַל-רִבֵּעִים לְשֹׂנְאָי. וְעֹשֶׂה חֶסֶד לַאֲלָפִים לְאֹהֲבַי וּלְשֹׁמְרֵי מִצְוֹתָי" (שמות פרק כ': 4 – 5).

כשאלוהים אומר בפסוק ארבע שהוא: "אל קנא" – הוא אינו מתכוון שהוא "קנאי" במובן של קינאת בני אדם. כי למעשה: הקנאה אינה מטבעו של אלוהים. אלוהים משתמש במילה: "קנא" כאן בכדי להקל עלינו את ההבנה ברגשות האנושיים שלנו. הקנאה שהאנשים חשים הינה מן: הבשר, התועבה והלכלוך – והיא פוגעת באנשים המעורבים.

לדוגמא: אם אהבת בעל לאשתו משתנה לאהבה לאישה אחרת והאישה מתחילה לחושש קנאה לאישה הָאחרת – השינוי הפתאומי הֶחל באישה יהא מראה מפחיד. האישה תתמלא כעס ושנאה. היא תתווכח עם בעלה ותצהיר על מגרעותיו באזני כל מכריה וּבכך היא תבייש אותו. לפרקים עלולה האישה ללכת לאישה האחרת וּלהילחם בה, או לתבוע את בעלה. במקרה זה: כשהאישה מקווה שמשהו רע יתרחש לבעלה כתוצאה מקינאתה – הקינאה אינה קנאה מתוך אהבה – אלא קינאה הנובעת משינאה.

אם האישה באמת אוהבת את בעלה אהבה רוחנית – ראשית במקום לחוש קינאה בשרית – עליה לבחון את עצמה ולשאול: "האם אני בעמדה טובה עם אלוהים? האם אהבתי את בעלי ושירתתי אותו בכנות?" ב. במקום לבייש את בעלה בהזכרת מיגרעותיו בפני הסובבים אותה – היה עליה לבקש חוכמה מאלוהים בכדי לדעת כיצד תחֲזיר את בעלה לנאמנות.

אם כן: מהי הקינאה בה חש אלוהים? כשאיננו משתחָווים לאלוהים ואיננו מתהלכים בֶּאמת – מפנה אלוהים פניו הרחק מעימנו – וזהו הזמן בו נֶעֱמוד: בניסיונות, בִּמצוקות וּבמחלות. אם זה מתרחש – בִּידיעה שהמחלה נובעת מן החטא (בשורת יוחנן פרק ה': 14) – המאמינים ישובו בְּתשובה וְינסו לדרוש את

פני אלוהים פעם נוספת.

כרועה קהילה נתקל אני מדי פעם בחברי קהילה החווים זאת. לדוגמא: אֶחד מחברי הקהילה יכול להיות איש עסקים מצליח שהעסק הֶחדש שלו אך זה החל לשגשג. בתירוץ שהוא עסוק מדי: הוא מאבד את התמקדותו ומפסיק להתפלל ולעשות את עבודת אלוהים. הוא אף מגיע לנקודה בה הוא נעדר מהאסיפה וההשתחֲויה בימי ראשון [או שבת].

כתוצאה: מפנה אלוהים פניו הרחק מאיש עסקים זה והעסק שהחל לשגשג ניתקל במשבר. רק אז הוא מבין את טעותו שהוא לא התהלך לאור מצוות אלוהים והוא שב בְּתשובה. אלוהים מעדיף שילדיו האהובים: יעברו מצב קשה במשך זמן קצר, יבינו את רצונו, יוושעו ויתהלכו בדרך הנכונה – מאשר שיפלו לנצח.

אם אלוהים אינו חש קינאה הזו מתוך אהבה – ובמקום זאת מתבונן בַּאֲדישות במגרעותינו: לא רק שניכשל בהבנת טעויותינו – אלא שלבבותינו יתקשחו ויגרמו לנו להמשיך לחטוא ובסופו של דבר ניפול לדרך המוות הנצחי. לכן: הקינאה שחש אלוהים נובעת מאהבה אמיתית. זוהי הבעה לאהבתו הֶעצומה ורצונו לחדש ולהדריך אותנו לחיי נצח.

הברכות והקללות הבאות עקב ציות או אי-ציות לדיברה השנייה.

אלוהים הינו בוראינו וַאֲבינו אשר הקריב את בנו יחידו למען ישועת האנושות. אלוהים הינו: ריבון על חיי כל בני האדם ורוצה לברך את המהללים אותו.

אי השתחֲוות ואי הערצה לאלוהים – אלא לאלילים שקריים פירושה: לשנוא אותו. אנשים השונאים את אלוהים מקבלים את עונשם – ככתוב: "... *פֹּקֵד עֲוֹן אָבֹות עַל בָּנִים עַל שִׁלֵּשִׁים וְעַל רִבֵּעִים לְשֹׂנְאָיו*" (שמות פרק כ': 4).

כשנתבונן סביב נוכל ליראות בקלות שהמשפחות שסגדו לאלילים במשך

דורות ממשיכות להיֵענש. אנשים ממשפחות אלה עלולים לחֲוות: מחלות ממאירות או חֲשוכות מרפא, מומים, פיגור שכל י, אחיזת שדים, התאבדות, קשיים כספיים, או כל ניסיון אחר. אם אסונות אלה ממשיכים לדור הרביעי – תיהָרס המשפחה לחֲלוטין וללא תקנה.

אך מדוע לדעֲתכם אמר אלוהים: שהוא יעניש עד "הדור השלישי והרביעי" במקום "עד הדור הרביעי?" – זה מראה את סלחנות אלוהים המותיר מקום לצאצאים הללו לשוב בְּתשובה ולדרוש את פני אלוהים – למרות שאבותיהם סגדו לאלילים והיו עויינים לאלוהים. אנשים אלה נותנים לאלוהים סיבה להפסיק את העונש נגד בְּני בֵּיתָם.

אך אלו שאבותיהם היו עויינים לאלוהים וסגדו בְּרצינות לאלילים – ייתקלו ביום הדין בְּקשיים בעת שינסו לקבל את הָאֲדוֹן. אף אם ייקבלוהו – יהא זה כאילו הם רתומים לַאֲבותיהם בְּרצועה רוחנית – לכן עד לַהֲשגת ניצחון רוחני – הם יחֲוו קשיים רבים בחייהם הרוחניים. השטן האויב והמלשין יתערב בכל דרך אפשרית בכדי למנוע בעדם להשיג אמונה בכדי לגרור אותם עימו לחושך הנצח.

בכל זאת: בעת שהצאצאים מבקשים את רחֲמי אלוהים, שבים בְּתשובה על חטאי אבותיהם בְּלבבות צנועים וּמנסים להשליך מתוכם את הטבע החוטא – הרי שללא ספק – יגן עליהם אלוהים. מאידך: כשאוהבים האנשים את אלוהים ושומרים את מצוותיו – מברך אלוהים את משפחותיהם עד לדור ה 1,000 – נוכל לִיראות בבירור את אהבת אלוהים כלפינו.

כעת: אין זה פירושו שתקבלו באורח אוטומטי ברכות בשפע רק מאחר וַאֲבותיכם שירתו את אלוהים בגדול. לדוגמא: אלוהים קרא לדוד המלך: "גֶּבֶר כִּלְבָבִי" – והבטיח לברך את צאצאיו (מלכים א פרק ו': 12). אולם: אנו לְמֵדִים שבין ילדי דוד – אלו שהתרחקו מאלוהים לא קיבלו את הברכה המובטחת.

משתעֲיינו בדברי ימי מלכי ישראל: תוכלו לראות שהמלכים שהשתחֲוו

ושירתו את אלוהים קיבלו את הברכות שהבטיח אלוהים לדוד. תחת הנהגתם: העם הצליח ושיגשג עד שהֶעמים השכנים העֱלו להם מסים. בכל אופן: המלכים שהתרחקו מאלוהים וחטאו נגדו חוו קשיים רבים בִּימי חייהם.

רק כשהָאדם אוהב את אלוהים וּמנסה להתהַלך בּאמת מבלי להכתים עצמו באלילים – יהא לאל ידו לקבל את כל הברכות שאבותיו אָגרו למענו.

לכן כשנשליך מתוך חיינו את כל האלילים הרוחניים והפיזיים שהם תוֹעֵבה לאלוהים – ונשים את אלוהים במקום הראשון בחיינו – אף אנו נוכל לקבל את הברכות השופעות אותן הבטיח אלוהים לכל משרתיו הנאמנים וּלכל הדורות הבאים.

פרק ד

הדיברה השלישית:
"לֹא תִשָּׂא אֶת-שֵׁם-יְהוָה אֱלֹהֶיךָ לַשָּׁוְא"

שמות פרק כ׳: 6

"לֹא תִשָּׂא אֶת-שֵׁם-יְהוָה אֱלֹהֶיךָ לַשָּׁוְא כִּי לֹא יְנַקֶּה יְהוָה אֵת אֲשֶׁר-יִשָּׂא אֶת-שְׁמוֹ לַשָּׁוְא".

מן הדרך בה כתבו את כתבי הקודש ואף מקריאתם – ניתן לראות שבני ישראל העריכו באמת את דברי אלוהים.

בטרם המצאת הדפוס: היה על האנשים לכתוב ידנית את כתבי הקודש. בכל פעם שהמילה "יְהֹוָה" נכתבה: היה על הסופר לרחוץ עצמו מספר פְּעָמים ואף להַחליף את המברשת בה כתב מספר פעמים –זאת מאחר ושם זה כה קדוש. בכל פעם בה טעה הסופר – היה עליו לחָתוך את הקטע ולכתוב מחדש. אך אם "יְהֹוָה" הודפס בצורה לא נכונה – היה עליו להתחיל לבחון הכל מן ההתחלה.

פעם אחת אף קרה: שכאשר בני ישראל קראו מכתבי הקודש – הם לא קראו את בשם "יהוה" בקול. במקום זאת הם קראו: "אֲדוֹנָי" – מאחר והתייחסו לשם אלוהים כקדוש מכדי שייקרא.

מאחר והשם "יְהֹוָה" הינו: שם המייצג את אלוהים – הם האמינו שזהו הייצוג לאופיו הריבוני והמפואר של אלוהים. בעֲבורם השם סימל את האחד שהינו: הבורא – הקדוש ברוך הוא.

לֹא תִשָּׂא אֶת-שֵׁם-יְהוָה אֱלֹהֶיךָ לַשָּׁוְא.

יש אנשים שאף אינם ניזכרים שישנה: מצווה בַּעֲשרת הדיברות. אף בין המאמינים ישנם אנשים: שאינם שומרים את שם אלוהים בכבוד ובהערכה נשגבים ואף משתמשים בו לרעה.

"להשתמש לרעה" משמע: להשתמש במשהו בדרך שאינה נכונה או שאינה הולמת. להשתמש לרעה בשם אלוהים משמע – להשתמש בְּשמו הֶקדוש של אלוהים: בצורה שאינה נכונה, בלתי קדושה, או שקרית.

לדוגמא: אם פלוני מְבַטֵא את מחֲשבותיו וטוען שהוא דובר את דברי אלוהים, או אם הוא מתנהג כפי שנראה לו וטוען שהוא מתנהג בהתאם לְרצון אלוהים

– הרי שהוא משתמש בְּשמו לרעה. להשתמש בשם אלוהים בִּשבועת שקר, להתלוצץ עם שם אלוהים וכד' – כל אלה הינן דוגמאות על שימוש בלתי הולם בשם אלוהים.

דרך ידועה נוספת בה האנשים משתמשים לשווא בשם אלוהים הינה: כשאלו שאף לא ביקשוהו – נתקלים במצב מצער ואומרים במורת רוח: "אלוהים שונה כל כך!" או "אם אלוהים היה חי באמת – איכה היה מתיר שדבר מעיין זה יקרה?!"

איכה יקרא לנו אלוהים: חפים מחטא אם אנו – הבריאה משתמשים לא נכונה בשם הבורא – שלו מגיע כל הכבוד והפאר? לכן עלינו לכבד את אלוהים ולנסות לחְיות באמת בכך שנבחן תמיד בִּזהירות את עצמנו בְּכדי לוודא שאיננו מפגינים עזות – מצח או חוסר כבוד בפני אלוהים.

אם כן: מדוע השימוש בשם אלוהים לשווא מהווה חטא?

א. לשבש את שם אלוהים משמע: שאיננו מאמינים בו.

אף בין הפילוסופים הטוענים שהם לומדים את משמעות הֶחיים וקיום היקום – יש אלו האומרים: "אלוהים מת". אף אנשים רגילים אומרים בצורה פזיזה: "אין אלוהים".

פעם אמר אסטרונאוט [או קוסמונאוט] רוסי: "יצאתי לחלל החיצון – ואלוהים לא נראה באף מקום כלל". אך כאסטרונאוט עליו להיות מודע יותר מכל אחד אחר שהשטח שאותו חקר היה רק חלק מזערי ביקום הרחב. כמה מטופש היה מצידו לאמר: שאלוהים – בורא היקום כולו – אינו קיים רק מאחר ולא היה לאל ידו לראות את אלוהים בעיניו ועוד בחלק הלא חָשוב יחסית של החלל בו בִּיקֵר!

תהילים מזמור נ"ג 1-2 אומר: "*אָמַר נָבָל בְּלִבּוֹ אֵין אֱלֹהִים הִשְׁחִיתוּ וְהִתְעִיבוּ*

עָוֶל אֵין עֹשֵׂה-טוֹב". הָאדם הרואה את היקום בלב צנוע יוכל לגלות את ההוכחות הרבות המצביעות על קיום אלוהים הבורא (האיגרת אל הרומיים פרק א': 20).

אלוהים נתן לכל אחד/ואחת הזדמנות להאמין בו. טרם בוא ישוע המשיח – בעידן התנ"ך – נגע אלוהים בלב בני הָאדם הטובים בכדי שיוכלו לחוש באלוהים החי. לאחר בוא ישוע המשיח – כעת בעידן הברית החדשה – ממשיך אלוהים לדפוק בדלת ליבם בְּדרכים רבות ושונות בכדי שיכירוהו.

לכן פותחים הָאנשים הטובים את ליבם, מקבלים את ישוע המשיח ונושעים – מבלי להתחַשב בדרך בה שמעו את הבשורה. אלוהים מתיר למבקשים אותו ברצינות לחוות את נוכחותו דרך: התרשמות חזקה בליבם בעת התפילה, דרך חזיונות, או חלומות רוחניים.

פעם שמעתי את עדות אחת מחברי הקהילה שלנו – וּפשוט נדהמתי. באחד הלילות: אף אותה אישה – שנפטרה מסרטן הקיבה – באה בחלום בֵּיתה ואמרה: "אם הייתי פוגשת את ד"ר ג'יי רוק לי – רועה הקן המרכזית – אך דרך חוויה זו: התחַברו בסופו של דבר כל בני משפחתה בקהילה וּבנה היחיד התרפא ממחלת הנפילה.

ישנם עדיין אנשים הממשיכים להתכחש לקיום אלוהים למרות העובדה שהוא מראה לנו את קיומו בְּדרכים רבות ושונות. זאת מאחר וּלבבותיהם רעים וּמטופשים. אם אנשים אלה ימשיכו להקשות את לבבותיהם כנגד אלוהים – וּלדבר עליו בחוסר זהירות מבלי להאמין בו כלל – איכה יקרא להם חפים מחטא?

אלוהים אשר סופר אף את שיער ראשינו: מתבונן בעייניו הבוֹעֲרות בכל מעשה שאנו עושים. אם מאמינים בני הָאדם בעובדה זו – יהא זה בלתי אפשרי שישתמשו לשווא בשם אלוהים. יש אנשים הניראים כמאמינים: אך מאחר ואינם מאמינים במעֲמקי ליבם – הם עלולים לשתמש בְּשמו לשווא. וזה הופך לחטא בעייני אלוהים.

ב. שימוש לשווא בשם אלוהים משמע: התעלמות

43

"לֹא תִשָּׂא אֶת-שֵׁם-יְהוָה אֱלֹהֶיךָ לַשָּׁוְא"

מאלוהים.

אם נתעלם מאלוהים – משמעות הדבר שאיננו מכבדים את אלוהים. אם נהין [נעֵז] לא לכבד את אלוהים הבורא – לא נוכל לאמר שאנו נטולי חטא.

תהילים מזמור צ"ו 4 אומר: "*כִּי גָדוֹל יְהוָה וּמְהֻלָּל מְאֹד נוֹרָא הוּא עַל-כָּל-אֱלֹהִים*". באיגרת הראשונה אל טימוטיאוס פרק ו' 16 נאמר: "*לוֹ [אלוהים] לְבַדּוֹ הָאַלְמָוֶת וְהוּא שׁוֹכֵן אוֹר נִשְׂגָּב מִקְּרֹב אֵלָיו; אָדָם לֹא רָאָהוּ וְאַף אֵינוֹ יָכוֹל לִרְאוֹתוֹ. לוֹ הַכָּבוֹד וְהַגְּבוּרָה לְעוֹלָמִים. אָמֵן*".

בספר שמות פרק ל"ג 20 אנו קוראים: "*וַיֹּאמֶר לֹא תוּכַל לִרְאֹת אֶת-פָּנָי כִּי לֹא-יִרְאַנִי הָאָדָם וָחָי!*" אלוהים הבורא הינו: אדיר וכל יכול – שאנו הבריאה: איננו מסוגלים להסתכל בו בחוסר כבוד בכל עת שנרצה.

לכן מימים ימימה: אנשים בעלי מצפון טוב – למרות שלא הכירו את אלוהים – התייחסו לשמיים במילות כבוד. לדוגמא: בקוריאה – אנשים משתמשים בצורה המכובדת – כשהם מדברים על השמיים או על מזג הָאוויר – בכדי להפגין כבוד לבורא. הם אולי לא הכירו את: יהוה אלוהים – אך הם ידעו שהבורא היכול הכל ביקום שלח להם את כל צָרכיהם כמו: הגשם מן השמיים ממעל. לכן רצו להפגין לו כבוד במילותיהם.

רוב האנשים משתמשים במילים המראות כבוד ואינם משתמשים לא נכונה בשמות הוריהם או האנשים שהם מכבדים באמת מכל הלב. לכן: אם אנו מדברים על אלוהים בורא היקום ונותן הֶחיים – לא צריך שנתייחס אליו בהתנהגות הקדושה מכל ובמילות הכבוד הנישגבות ביותר?

למרבה הצער: ישנם אנשים כיום הקוראים לעצמם מאמינים אך עדיין אינם מפגינים כבוד לאלוהים – וכמובן שאינם מתייחסים לְשמו ברצינות. לדוגמא: הם משתמשים בשם אלוהים בְּבדיחות או מצטטים את דברי כתבי הקודש בצורה

רשלנית. מאחר וּבבכתבי הקודש נאמר: "...וֵאלֹהִים הָיָה הַדָּבָר" (בשורת יוחנן פרק א': 1) אם נפגין חוסר כבוד לְדבר אלוהים, זה בדיוק כמו להיות חסרי כבוד כלפי אלוהים.

דרך אחרת של אי-כבוד כלפי אלוהים הינה: לשקר בְּשמו. דוגמה על כך תהא: אם מישהו מדבר על משהו הנובע ממחֲשבותיו ואומר: "זהו קול אלוהים" או "רוח הקודש מנהיגה עניין זה". אם אנו מתייחסים לשימוש בצורה לא נכונה בשם איש זקן כְּדבר גס רוח וּבלתי מנומס: על אחת כמה וכמה עלינו להיות זהירים לגבי השימוש בשם אלוהים באותה צורה?

אלוהים הכל יכול: מכיר את לב וּמחֲשבות בְּרואיו ככף ידו (קורא כליות וָלב). והוא יודע אם התנהגותם מונעת מתוך רוע או טוב. בעֵייני אש משקיף אלוהים על חיי כל אדם – והוא ישפוט כל אחד לאור מעשיו. אם הָאדם מאמין בזאת באמת – לבטח לא ישתמש בצורה לא נכונה בשם אלוהים ולא יבצע את חטא עזות המצח כנגדו.

דבר נוסף שעלינו לזכור הינו: שהאנשים האוהבים באמת את אלוהים אינם צריכים רק להיזהר בשימוש בשֵם אלוהים – אלא אף להיזהר בטיפול בכל העניינים הקשורים אליו. אנשים האוהבים את אלוהים באמת מתייחסים לְמבנה הקהילה וּרכושה בזהירות רבה יותר מאשר בְּרכושם. כמו כן ייזהרו מאוד ביחס לכספי הקהילה – לא חשוב כמה הסכום זעיר.

אם בטעות: שְבָרתם כוס, מראה, או חלון בקהילה – התעמידו פנים שזה מעולם לא קרה ותשכחו מזה? לא חשוב כמה קטנים הדברים, את דברים המוקצים במיוחד לאלוהים ולשירות שלו אין להזניח או להתייחס שלא כהלכה.

עלינו אף להיזהר שלא נישפוט או נמעיט בערכו של איש אלוהים, או של אירוע המודרך על ידי רוח הקודש – מאחר והם קשורים לאלוהים בצורה ישירה.

למרות ששאול ביצע רוע רב כנגד דוד והיווה סיכון רב לחייו – חס דוד חס חיי שאול עד קץ – מן הסיבה היחידה: ששאול היה פעם מלך שנימשח ע"י אלוהים

(שמואל א פרק כ"ו: 23). באורח דומה: אדם האוהב ומכבד את אלוהים יהא זהיר מאוד כשהוא מתייחס לדברי אלוהים.

ג. שימוש לשווא בשם אלוהים משמע: לשקר בשמו.

אם תִקראו בַּתנ"ך תִמצאו שהיו מספר נביאי שקר בהיסטוריית ישראל. נביאי השקר הללו בלבלו את העם כשנתנו להם מידע שטענו בשקר שבא מאלוהים.

בספר דברים פרק י"ח 20 נתן אלוהים התראה קפדנית נגד אנשים כאלה: "*אַךְ הַנָּבִיא אֲשֶׁר יָזִיד לְדַבֵּר דָּבָר בִּשְׁמִי אֵת אֲשֶׁר לֹא-צִוִּיתִיו לְדַבֵּר וַאֲשֶׁר יְדַבֵּר בְּשֵׁם אֱלֹהִים אֲחֵרִים וּמֵת הַנָּבִיא הַהוּא*". אם מישהו משקר ומשתמש בשם אלוהים – העונש הינו מוות.

בחזון יוחנן פרק כ"א 8 נאמר: "*אֲבָל מוּגֵי הַלֵּב וְהַבִּלְתִּי מַאֲמִינִים, הַמְתֹעָבִים וְהַמְרַצְּחִים, הַזּוֹנִים וְהַמְכַשְּׁפִים, עוֹבְדֵי הָאֱלִילִים וְכָל הַמְשַׁקְּרִים – חֶלְקָם בָּאֲגַם הַבּוֹעֵר בְּאֵשׁ וְגָפְרִית אֲשֶׁר הוּא הַמָּוֶת הַשֵּׁנִי*".

אם ישנו מוות שני – משמע: שיש מוות ראשון. זה מתייחס לאנשים המתים בעולם הזה מבלי להאמין באלוהים. אנשים אלה יילכו לקבר התחתון בו יקבלו עונש מכאיב על חטאותיהם. מאידך: הנושעים יהיו כמלכים במשך אלף שנה בעת מלכות אלף השנים עלי אדמות לאחר הפגישה עם הָאָדוֹן ישוע המשיח באוויר בביאתו השנייה.

לאחר מלכות אלף השנים – יבוא: יום הדין של הכס הלבן הגדול בו יישפטו האנשים וִיקבלו פרסים רוחניים או עונשים – בהתאם למעשיהם. בְּזמן זה הנפשות הלא נושעות תקומנה אף הן למשפט – וכל אחד/ת לפי משקל החטאים: ייכנס/תיכנס לְבריכת האש או לגופרית הבוערת. זה ידוע כמוות השני.

כתבי הקודש אומרים שכל השקרנים יְחוו את המוות השני. כאן: השקרנים

מיוחסים לכל מי שמשקר/ת בשם אלוהים. זה אינו חל רק על נביאי השקר – אלא אף על האנשים הנשבעים בשם אלוהים ושוברים את השביעה –זאת מאחר וזה בדיוק כמו לשקר בְּשמו וזהו שימוש בשם אלוהים לשווא. בספר ויקרא פרק י"ז 12 אומר אלוהים: *"וְלֹא-תִשָּׁבְעוּ בִשְׁמִי לַשָּׁקֶר וְחִלַּלְתָּ אֶת-שֵׁם אֱלֹהֶיךָ אֲנִי יְהוָה"*.

אך יש מאמינים המשקרים לִפרקים בהישתמשם בשם אלוהים. לדוגמא: "בעת שהתפללתי – שמעתי את קול רוח הקודש. אני מאמין/נה שזוהי עבודת אלוהים". כל זאת למרות שאלוהים לא היה חלק מן הדבר. או שהם עלולים לראות משהו קורה ולמרות שאין זה בטוח הם אומרים: "אלוהים גרם לזה לקרות". זה בסדר אם זו באמת הייתה עבודת אלוהים – אך זה הופך לְבעייה כשזה אינו פועַל רוח הקודש והם רק אומרים זאת כְּלאחר יד.

כמובן שכילדי אלוהים עלינו להקשיב תמיד לקול רוח הקודש ולקבל את הדרכתה. אך חשוב מאוד לדעת כי מאחר ואנו ילדיו הנושעים של אלוהים – אין משמעות הדבר שתמיד תוכלו לשמוע את קול רוח הקודש. לפי כמה רוקן הָאדם עצמו מחטא והיתמלא באמת –כך יהא לאל ידיהם להקשיב לקול רוח הקודש בצורה ברורה יותר. כך שאם הָאדם אינו חי באמת וּמתפשר עם העולם – לא יוכל להאֲזין לקול רוח הקודש.

אם פלוני מלא בְּשקרים וּברעשנות ותאוותנות מציג את תוצרת מַחֲשבותיו הבשריות בפני אנשים אחרים; הוא משקר אף בְּפני אלוהים. אף אם באמת הוא מקשיב לקול רוח הקודש – עד שישמעֶהו ב 100 אחוזים – עליו לעשות כל מאמץ להיות חשאי. לכן עלינו להימנע מלכנות דבר כלשהו בצורה פזיזה כפוּעַל רוח הקודש וַעֲלינו אף להקשיב לטענות אלה בְּזהירות רבה.

החוק עצמו חל על: חלומות, חזיונות וַחֲוויות רוחניים כשיש חלומות הניתנים מאלוהים – אך כמה חלומות עלולים להתרחש כתוצאה מן הרצון האישי הָעז או הדאגות. ישנם חלומות שהינם מעשה השטן – לכן אסור לזנק ולאמר: חלום זה ניתן מאלוהים". זאת מאחר ויהא זה דבר בילתי הולם לעשות בְּפני אלוהים.

לִפרקים מַאֲשימים בני הָאדם את אלוהים בסבל וּבקשיים שלמעשה נגרמים על ידי השטן כתוצאה מחטאותיהם. כשלפעמים הם שמים את שם אלוהים על דברים מסויימים כמנהגם. כשנראה שהדברים הולכים לפי טעמם – הם אומרים: "אלוהים בירכני". כשהקשיים באים – הם אומרים: "אוי – אלוהים סגר את הדלת הזו".יש המתוודים באמונה – אך חשוב לדעת שישנו הבדל גדול בין ההתוודות הנובעת מלב כן וּמווידוי הנובע מלב מזלזל וראוותני.

משלי פרק ג': 6 אומר: *"בְּכָל-דְּרָכֶיךָ דָעֵהוּ וְהוּא יְיַשֵּׁר אֹרְחֹתֶיךָ"*. אך אין משמעות הדבר שתמיד צריך לתייג הכל בְּשמו הקדוש של אלוהים. אלא שאדם המוקיר את אלוהים בכל דרכיו ינסה לִהְיות באמת בכל עת וּבכך יהא זהיר יותר לגבי השימוש בשם אלוהים – וכאשר יהא עליו להשתמש בו: הוא יעשה זאת בלב נאמן וחשאי.

לכן אם איננו רוצים לבצע את חטא חילול שם אלוהים – עלינו לשאוף להגות בְּדברו יומם וָלילה, לעמוד על המשמר בְּתפילה וּלהתמלא ברוח הקודש. רק כשנַעֲשה זאת נוכל להקשיב ברורות לקול רוח הקודש ולפעול בצדק לפי הדרכתה.

כבדוהו תמיד – היֵחָשבו לַאֲצילים.

אלוהים הינו: מדוייק ודקדקן. לכן כל מילה בה הוא משתמש בכתבי הקודש הינה נכונה והולמת. כשתראו כיצד מדבר אלוהים אל המאמינים תוכלו לראות: שאלוהים משתמש רק במילים הנכונות למצב. לדוגמא: קריאה למישהו – "אח" ולמישנהו – "אהובי" – נושאת בקרבה מובן וטון שונים לחָלוטין במשמעותם. לִפרקים עונה אלוהים לאנשים כ "אבות", "בחורים צעירים" או "ילדים" וכו'. השימוש במילים ההולמות הנושאות בתוכן את המובן הנכון: תלוי במידת אמונת הנמען (האיגרת הראשונה לקורינתיים פרק א': 10; האיגרת הראשונה ליוחנן פרק ב': 12 – 13, פרק ג': 21 – 22).

הדבר עצמו חל אף על: שמות השילוש הקדוש. אנו רואים גיוון בְּשמות השילוש הקדוש: "יהוה אלוהים, יהוה, אלוהים האב, המשיח, האדון ישוע, ישוע המשיח, השה, רוח הָאֲדוֹן, רוח אלוהים, הרוח המקודשת, רוח הקדושה, רוח הקודש, הרוח (בראשית פרק ב': 4; דברי הימים א פרק כ"ח: 12; תהילים מזמור ק"ד: 30;בשורת יוחנן פרק א': 41; האיגרת אל הרומיים פרק א': 4).

בברית החדשה במיוחד: בטרם נטל ישוע המשיח את עץ התלייה הוא נקרא: "ישוע, רבי, בן הָאדם". אך לאחר מותו ותחייתו – הוא נקרא: "ישוע המשיח, האדון ישוע המשיח, ישוע המשיח מנצרת" (האיגרת הראשונה לטימותיאוס פרק ו': 14; מיפעלות השליחים פרק ג': 6).

בטרם ניתלה על העץ לא השלים עדיין את משימתו כמושיע – לכן נקרא "ישוע" שמשמעו: *"כי הוא יושיע את עמו מחטאותיהם"* (בשורת מתיתייהו פרק א': 21). אך לאחר השלמת משימתו הוא נקרא: "המשיח" שמשמעו: "המושיע".

בְּרצון אלוהים המושלם שאף אנו נהא נכונים ומושלמים בְּדברינו ובמעשינו. לכן בכל פעם שאנו מזכירים את שמו הָקדוש של אלוהים – עלינו להביעו בצורה נכונה יותר. לכן אומר אלוהים בחלקו השני של שמואל א פרק ב' 30: *"כִּי-מְכַבְּדַי אֲכַבֵּד וּבֹזַי יֵקָלּוּ"*.

אם כן: אם נתייחס לאלוהים בכבוד רב ממעמקי הלב – לעולם לא נבצע את: טעות השימוש לשווא בְּשמו ונירא אותו בכל עת. לכן מתפלל אני שיהא לא ידיכם להיות תמיד עירניים בְּתפילה ותפקחו על לבבכם – בכדי שהָחיים שהינכם מובילים ייתנו כבוד לאלוהים.

"לֹא תִשָּׂא אֶת-שֵׁם-יְהוָה אֱלֹהֶיךָ לַשָּׁוְא"

פרק ה

הדיברה הרביעית:
"זָכוֹר אֶת־יוֹם הַשַּׁבָּת לְקַדְּשׁוֹ"

שמות פרק כ' 7 – 10:

"זָכוֹר אֶת-יוֹם הַשַּׁבָּת לְקַדְּשׁוֹ: שֵׁשֶׁת יָמִים תַּעֲבֹד וְעָשִׂיתָ כָּל-מְלַאכְתֶּךָ: וְיוֹם הַשְּׁבִיעִי שַׁבָּת לַיהוָה אֱלֹהֶיךָ לֹא-תַעֲשֶׂה כָל-מְלָאכָה אַתָּה וּבִנְךָ וּבִתֶּךָ עַבְדְּךָ וַאֲמָתְךָ וּבְהֶמְתֶּךָ וְגֵרְךָ אֲשֶׁר בִּשְׁעָרֶיךָ: כִּי שֵׁשֶׁת-יָמִים עָשָׂה יְהוָה אֶת-הַשָּׁמַיִם וְאֶת-הָאָרֶץ אֶת-הַיָּם וְאֶת-כָּל-אֲשֶׁר-בָּם וַיָּנַח בַּיּוֹם הַשְּׁבִיעִי עַל-כֵּן בֵּרַךְ יְהוָה אֶת-יוֹם הַשַּׁבָּת וַיְקַדְּשֵׁהוּ".

אם קיבלתם את ישוע המשיח והייתם לילדי אלוהים – הדברים הראשונים שעליכם לעשות הינם: להלל את אלוהים מידי יום ראשון/שבת ולתת מַעֲשר מלא. מתן המַעֲשר המלא והתרומות מראה את אמונתכם בסמכות אלוהים על כל הדברים הפיזיים והחומריים – ושמירת יום הָאָדוֹן מראה את אמונתכם בסמכות אלוהים על כל הדברים הרוחניים (ראו יחזקאל פרק כ': 11 – 12).

כשאתם מתהלכים באמונה ומכירים בסמכותו הרוחנית והפיזית של אלוהים – תקבלו את הגנת אלוהים: מאסונות, פיתויים ומצוקות. נדון בעניין תרומת המַעֲשר בפירוט רב יותר בפרק ח – לכן פרק זה יתמקד בְּמיוחד בְּשמירת יום השבת קדוש.

מדוע יום ראשון תפס את מקום יום השבת.

יום המנוחה המוקדש לאלוהים נקרא: יום "שבת" זה התבסס מאחר ואלוהים הבורא – ברא את היקום ואת אדם בשישה ימים ונח ביום השביעי (בראשית פרק ב': 1 – 3). אלוהים בירך יום זה, קידש אותו ונתן לאדם לנוח בו.

בְּתקופת הָתנ"ך: יום שבת היה למעשה ביום שבת [השביעי]. ואף כיום שומרים היהודים את יום שבת כיום הָאָדוֹן. אך משנכנסנו לעידן הברית החדשה: הפך יום ראשון ליום השבת והתחלנו לקרוא לו: "יום הָאָדוֹן". בשורת יוחנן פרק א' 17 אומרת: *"כִּי הַתּוֹרָה נִתְּנָה עַל-יְדֵי מֹשֶׁה, וְהַחֶסֶד וְהָאֱמֶת בָּאוּ דֶּרֶךְ יֵשׁוּעַ הַמָּשִׁיחַ"*. בשורת מתיתייהו פרק י"ב 8 אומרת: *"שֶׁהֲרֵי בֶּן-הָאָדָם הוּא אֲדוֹן הַשַּׁבָּת"* וזה בדיוק מה שקרה.

אם כן: מדוע יום הָאָדוֹן השתנה משבת לראשון? זאת מאחר ויום בו כל האנושות יכולה באמת לנוח בְּישוע המשיח הוא ראשון.

מחמת אי-ציות הָאדם הראשון – אדם: כל בני הָאדם הפכו עבדים לחטא ולא

הייתה להם באמת שבת. הָאדם נאלץ לאכול רק בזיעת אפו והיה עליו לסבול ולחָוות: דמעות צער, חולי וּמוות. לכן ישוע בא לעולם הזה בבשר בִּדמות אדם וניתלה על העץ בִּכדי לשלם את מחיר חטאי כל האנושות. הוא מת, קם לְתחייה ביום השלישי, ניצח את המוות והפך לְבכור הקמים מן המתים.

ישוע פתר את עניין החטא ונתן שבת אמיתית לכל האנושות: בזריחה המוקדמת של יום ראשון – היום הראשון לאחר יום השבת [הראשון בשבת]. לכן בעידן הברית הָחדשה: יום ראשון – היום שבו ישוע המשיח השלים את דרך הישועה לכל האנושות – הפך ליום הָאֲדוֹן.

ישוע המשיח הינו: אֲדוֹן השבת.

אף תלמידי הָאֲדוֹן ציינו את יום ראשון כיום השבת. אנו קוראים במיפעלות השליחים פרק כ' 7: *"בְּאֶחָד בְּשַׁבָּת [בְּרִאשׁוֹן בַּשָּׁבוּעַ] נֶאֱסַפְנוּ לִבְצֹעַ לֶחֶם. שָׁאוּל, שֶׁעָמַד לָצֵאת לְמָחֳרָת, דִּבֵּר אֲלֵיהֶם וְהֶאֱרִיךְ אֶת דְּבָרוֹ עַד חֲצוֹת"* – ובאיגרת הראשונה אל הקורינתים ט"ז 2 אנו אף קוראים: *"מִדֵּי רִאשׁוֹן בַּשָּׁבוּעַ יַנִּיחַ כָּל אֶחָד מִכֶּם תְּרוּמָה כְּפִי שֶׁיָּדוֹ מַשֶּׂגֶת וְיִשְׁמְרֶהָ אֶצְלוֹ, כְּדֵי שֶׁלֹּא יַתְחִילוּ בְּאִסּוּף הַתְּרוּמוֹת בְּעֵת בּוֹאִי"*.

אלוהים ידע ששינוי יום השבת יתרחש – לכן הזכיר זאת בתנ"ך כשאמר למשה: "דַּבֵּר אֶל-בְּנֵי יִשְׂרָאֵל וְאָמַרְתָּ אֲלֵהֶם כִּי-תָבֹאוּ אֶל-הָאָרֶץ אֲשֶׁר אֲנִי נֹתֵן לָכֶם וּקְצַרְתֶּם אֶת-קְצִירָהּ וַהֲבֵאתֶם אֶת-עֹמֶר רֵאשִׁית קְצִירְכֶם אֶל-הַכֹּהֵן: וְהֵנִיף אֶת-הָעֹמֶר לִפְנֵי יְהוָה לִרְצֹנְכֶם מִמָּחֳרַת הַשַּׁבָּת יְנִיפֶנּוּ הַכֹּהֵן: וַעֲשִׂיתֶם בְּיוֹם הֲנִיפְכֶם אֶת-הָעֹמֶר כֶּבֶשׂ תָּמִים בֶּן-שְׁנָתוֹ לְעֹלָה לַיהוָה" (ויקרא פרק כ"ג: 10 – 12).

אלוהים אמר לְבני ישראל שברגע שיכנסו לארץ כנען –עליהם להַעֲלות את התבואה הראשונה אשר נקצרה ביום שאחר השבת. קציר התבואה הראשון מסמל את הָאֲדוֹן שהפך לְבכור מן המתים – והשה בן השנה חסר הפגם אף הוא מסמל את ישוע המשיח – שה אלוהים.

פסוקים אלה מראים שביום ראשון – היום שלאחר השבת: ישוע – אשר הפך לזבח השלום ובכור הקמים מן המתים – יַעֲניק תחייה מן המתים ושבת אמיתית לכל המאמינים בו.

לכן יום ראשון – היום בו קם ישוע לתחייה מן המתים: הפך ליום ההודייה והאושר האמיתי; יום בו החלו חיים חדשים והדרך לחיי עולם נפתחה; זהו אף היום בו תוכל השבת האמיתית להתקיים באמת.

"זָכוֹר אֶת-יוֹם הַשַּׁבָּת לְקַדְּשׁוֹ".

אם כן: מדוע קידש אלוהים את יום השבת ומדוע הוא אומר אף לעמו לקדשו? זאת מאחר ולמרות שאנו חיים בעולם המובל בצורה בשרית – עדיין רצה אלוהים שניזכר אף בדברים הנמצאים בעולם הרוחני. אלוהינו רצה לוודא שתקוותנו אינה רק בדברי העולם המתכלים. אלוהים רצה שנזכור את: הָאֲדוֹן בורא היקום ונקבל תקווה בשבת האמיתית והנצחית של מלכותו.

בספר שמות פרק כ' פסוקים 9 – 10 נאמר: "*וְיוֹם הַשְּׁבִיעִי שַׁבָּת לַיהוָה אֱלֹהֶיךָ לֹא-תַעֲשֶׂה כָל-מְלָאכָה אַתָּה וּבִנְךָ וּבִתֶּךָ עַבְדְּךָ וַאֲמָתְךָ וּבְהֶמְתֶּךָ וְגֵרְךָ אֲשֶׁר בִּשְׁעָרֶיךָ: כִּי שֵׁשֶׁת-יָמִים עָשָׂה יְהוָה אֶת-הַשָּׁמַיִם וְאֶת-הָאָרֶץ אֶת-הַיָּם וְאֶת-כָּל-אֲשֶׁר-בָּם וַיָּנַח בַּיּוֹם הַשְּׁבִיעִי עַל-כֵּן בֵּרַךְ יְהוָה אֶת-יוֹם הַשַּׁבָּת וַיְקַדְּשֵׁהוּ*". משמעות הדברים שאין לעבוד ביום הָאֲדוֹן. זה כולל: אתכם, את משרתיכם, הָחיות וכל המבקר בביתכם. לכן אל ליהודים השמרנים [הדתיים]: לבשל, להזיז דברים כבדים, או ליסוע לְמקומות רחוקים ביום שבת. זאת מאחר וכל הפעולות הללו נֶחֱשבותכעבודה – לכן אינן מתאימות לחוקי השבת. אך ההגבלות הללו נעשו על ידי בני אדם ועברו עם הזמן מן הזקנים לדור שלאחריהם – לכן אלו אינם חוקי אלוהים.

לדוגמא: כשחיפשו בני ישראל סיבה להאשים את ישוע – הם ראו אדם שידו יבשה ושאלו את ישוע: "*האם מותר לפי התורה לרפא ביום שבת?*" הם אף

התייחסו לריפוי בשבת כ"עבודה" שאינה מותרת בשבת.

השיב ישוע: *"וְכַמָּה חָשׁוּב הָאָדָם יוֹתֵר מִן הַכֶּבֶשׂ! לָכֵן מֻתָּר לַעֲשׂוֹת אֶת הַטּוֹב בְּשַׁבָּת". אָז אָמַר אֶל הָאִישׁ: "הוֹשֵׁט יָדְךָ!" הוּא הוֹשִׁיט אֶת יָדוֹ וְאָמְנָם שָׁבָה לְאֵיתָנָהּ וְהָיְתָה בְּרִיאָה כְּמוֹ הַשְּׁנִיָּה"* (בשורת מתיתייהו פרק י"ב: 11 – 12).

שמירת השבת אותה מבקש אלוהים אינה פשוט להימנע מעבודות כל שהן. כשהלא מאמינים נחים מן העבודה ונשארים בבית, או יוצאים ליהנות ראשית: עלינו להבין את המובן הרוחני של "יום הָאָדוֹן" בכדי לשומרו קדוש ולהתברך – בדרך שאלוהים התכוון מלכתחילה.

מה שרוצה אלוהים מעימנו שנעֲשה ביום זה אינו לנוח מנוחה פיזית. ישעיהו פרק נ"ח 13 – 14 מסביר: שביום השבת – על האנשים להישמר: מלעשות כרצונם, ללכת כהרגלם, לדבר דברים בטלים, או ליהנות מתענוגות העולם. במקום זאת: עליהם לשמור את היום קדוש.

בשבת אסור להסתבך במאורעות העולם – אלא ללכת לַאֲסיפת הקהילה – שהינה גוף הָאָדוֹן; להבין את לחם הַחיים – שהינו דבר אלוהים; להתחבר עם הָאָדוֹן בְּתפילה והלל ולנוח מנוחה רוחנית בְּאָדוֹן. דרך ההתחברות על המאמינים לחלוק את חסד אלוהים ולעזור בְּבניית אמונת הָאחר. כשאנו לוקחים מנחה רוחנית כזו – יַעֲצים אלוהים את אמונתינו ויהא טוב לנפשנו.

אם כן: מָה בדיוק עלינו לעשות בכדי לשמור את השבת קדושה?

א.: עלינו לרצות את ברכות יום הָאָדוֹן ולהכין עצמנו ככלים נקיים.

יום שבת הינו יום אותו היקצה אלוהים כקדוש – וזהו יום המלא בשמחה בו נוכל לקבל ברכות מאלוהים. חלקו השני של פסוק 10 בספר שמות פרק כ' אומר: *"עַל-כֵּן בֵּרַךְ יְהוָה אֶת-יוֹם הַשַּׁבָּת וַיְקַדְּשֵׁהוּ"* – וישעיהו פרק נ"ח 13 אומר:

"*וְקָרָאתָ לַשַּׁבָּת עֹנֶג לִקְדוֹשׁ יְהוָה מְכֻבָּד וְכִבַּדְתּוֹ*".

אף כיום: מאחר ובני ישראל שומרים את שבת כיום קדוש – כשם שהיה בתקופת התנ"ך – הם מתכוננים לשבת ביום שישי. כל האוכל מוכן ואם הם עבדו הרחק מהבית – הם שבים הבייתה בחיפזון בכדי להגיע לִפני ערב שבת.

אף אנו עלינו להכין את הלבבות לשבת לפני יום ראשון. כל שבוע עלינו להיות עירניים בתפילה לפני בוא יום ראשון ולנסות לחְיות באמת בכל עת בכדי שלא נקים גבולות חטא מכל סוג בינינו לבין אלוהים.

שמירת השבת קדושה אין משמעותה לתת לאלוהים רק את אותו יום – משמע: לחְיות כל השבוע לפי דבר אלוהים. לכן: אם עשינו במשך השבוע דבר הֶעלול להיות לא מקובל בעייני אלוהים – עלינו לשוב בּתשובה ולהתכונן ליום ראשון בלב נקי.

כשאנו באים להלל ביום הָאֲדוֹן עלינו לבוא בְּפני אלוהים בלב מלא בהודייה. עלינו לבוא בפניו בלב שמח ומלא ציפייה – ככלה המוכנה לחתנה. בגישה זו: יכולים אנו להכין עצמנו פיזית במקלחת ואולי ללכת לספר או לסלון יופי בכדי לוודא שנופיע במראה מסודר והולם.

נירצה אפף לנקות את הבית. עלינו לבחור תלבושת נקיה ומסודרת לפני המועד אותה נילבש לַאֲסיפת הקהילה. בלילות שבת הנמשכים ליום ראשון: אל לנו להיות מעורבים בעניינים עולמיים. עלינו להימנע מִפעילות הֶעלולה לעכב את ההלל אותו אנו נותנים לאלוהים ביום ראשון. כמו כן * עלינו לנסות לשמור את הלבבות מפני: עצבים, כעס, או דאגה – בכדי שנוכל להלל את אלוהים ברוח ובאמת.

לכן בלב אוהב ונלהב – עלינו לצפות ליום ראשון ולהכין את עצמנו להיות כלי הָראוי לקבל את חסד אלוהים. דבר שיתן לנו את היכולת לחוות שבת רוחנית בַּאֲדוֹן.

57
"זָכוֹר אֶת-יוֹם הַשַּׁבָּת לְקַדְּשׁוֹ"

ב.: עלינו לתת את כל יום ראשון בשבת לאלוהים.

אף בין המאמינים, יש הנותנים לאלוהים רק אסיפת הלל אחת ביום ראשון בבוקר – ואז מדלגים על אסיפת הערב. הם עושים זאת: בכדי לנוח, לְפעילות בידור, או לטפל בעניינים אחרים. אם באמת אנו רוצים לשמור את השבת קדושה בצורה נכונה בלב ירא אלוהים: עלינו לשמור את היום כולו קדוש. הסיבה שבעֶטייה אנו מדלגים על אסיפת אחר הצהרים בכדי לעשות דברים שונים הינה מאחר נַאֲנו נותנים לליבנו ללכת בעקבות רצונות הבשר – והולכים בעקבות ענייני העולם.

בגישה זו: קל מאוד להיות מוסתים במַחֲשבות אחרות בעת אסיפת הבוקר – ואף אם באנו לקהילה לא יהא לאל ידינו להשתחֲווֹת לאלוהים וּלהללו בלב כן. בעת הֶהלל מַחֲשבותינו עלולות להתמלא להיות: "אלך הבייתה לנוח ברגע שאסיפה זו תסתיים" – או: "וואו [wow] יהא זה מצויין לראות את חבֵרַי לאחר האסיפה" – או: "עלי למהר לפתוח את הֶחנות ברגע שזה יסתיים" [או: ברגע שתיגמר הָאֲסיפה עלי לרוץ לראות את משחק הכדורגל]. מַחֲשבות שונות תעֲלינה במוחינו וייבצר מעימנו להתמקד במסר – או שנחוש בַּעֲייפות בעת הֶהלל וההשתחֲווייה.

כמובן שמאמינים חדשים – מאחר ואמונתם צעירה – תוסת דעתם בקלות או שמאחר וגופם עייף מאוד פיזית – הם עלולים לנמנם בעת האסיפה. מאחר ואלוהים יודע את מידת אמונת כל אחד – הוא יהא רחום עימם. אך אם יש לְפלוני מידת אמונה ניכרת דעתו מוסתת והוא מנמנם בעת ההשתחֲווייה – זהו פשוט חוסר כבוד לאלוהים.

שמירת השבת קדושה אין פירושה רק: ליטול חלק בַּאֲסיפת הקהילה בראשון בשבת. משמעותה הינה: שמירת מעמקי ליבנו וּתשומת ליבנו ממוקדת באלוהים. רק כשאנו משתחֲווים לאלוהים בצורה הולמת בכל ראשון בשבת ברוח וּבאמת

– יקבל אלוהים בשמחה את ניחוחו המרענן של ליבנו בהשתחֲווייה.

בכדי לשמור את קדושת השבת: חשובות אף השעות שאנו מבלים מחוץ להשתחֲוויה – בימי ראשון בשבת. אל לנו לחֲשוב: "מאחר ונטלתי חלק שהיי באסיפה – הרי שעשיתי את כל מה שצריך". לאחר אסיפת הֲהלל וההשתחֲווייה – עלינו להתחֲבר עם מאמינים אחרים המשרתים את מלכות אלוהים דרך ניקויון בית הקהילה, או הכוונת התנועה במגרש החנייה השייך לקהילה, או למצוא דרך להתנדב לעבוד בקהילה.

לאחר שהיום מסתיים ואנו שבים הכייתה לנוח – עלינו להימנע מִפעילויות בידור שמטרתן השבעַת רצון הפרט. נהֲפוך הוא: עלינו להרהר במסר ששמענו באותו יום, או לבלות זמן עם המשפחה בדיבור על: חסד ואמת אלוהים. רעיון טוב יהא להשאיר את הטלוויזיה כבוייה – אך אם צפינו במשהו: עלינו להימנע מכמה תוכניות הֲעלולות לעורר את תאוותינו או עלולות לגרום לנו לבקש את תענוגות העולם. במקום זאת נעֲבור לתוכניות: מועילות, נקיות וטובות יותר המבוססות על האמונה.

כשאנו מראים לאלוהים – שאנו מנסים ככל יכולתנו – להשביע את רצונו אף בדברים הקטנים – אלוהים הבוחן כליות נָלב: יקבל את ההשתחֲווייה שלנו בשמחה, ימלאֵינו בְּמלוא רוח הקודש וִיברכינו בְּמנוחה אמיתית.

ג.: אל לנו לבצע עבודות גשמיות.

נחמיה – מושל ישראל בְּפקודת ארתחֲששתא [אחֲשוורוש או דרייווש] מלך פרס – אשר הבין את רצון אלוהים: לא רק בנה מחדש את חומות העיר ירושלים אלא אף ווידא שאנשיו שמרו את קדושת השבת.

לכן אסר על העבודה או המכירות בימי שבת, הוא אף גירש את אלה שישנו מחוץ לחומות העיר בעודם ממתינים לבצע את עִסקיהם למחֲרת השבת.

בספר נחמיה פרק י"ג 17 – 18 כתוב: *"וָאָרִיבָה אֵת חֹרֵי יְהוּדָה וָאֹמְרָה לָהֶם מָה-הַדָּבָר הָרָע הַזֶּה אֲשֶׁר אַתֶּם עֹשִׂים וּמְחַלְּלִים אֶת-יוֹם הַשַּׁבָּת: הֲלוֹא כֹה עָשׂוּ אֲבֹתֵיכֶם וַיָּבֵא אֱלֹהֵינוּ עָלֵינוּ אֵת כָּל-הָרָעָה הַזֹּאת וְעַל הָעִיר הַזֹּאת וְאַתֶּם מוֹסִיפִים חָרוֹן עַל-יִשְׂרָאֵל לְחַלֵּל אֶת-הַשַּׁבָּת"*. נחמיה מזהיר את אנשיו באומרו שעסקים ביום שבת מפרים את השבת ומזמינים את זעם אלוהים.

המפר את השבת אינו מכיר בסמכות אלוהים ואינו מאמין בהבטחתו לברך את שומרי קדושת השבת. לכן אלוהים הצודק אינו יכול להגן עליהם – והאסונות צפויים לבוא עליהם.

אלוהים עדיין מצווה את אותם דברים עלינו היום ואומר לנו לעבוד קשה במשך שישה ימים – ולנוח ביום השביעי. אם אנו זוכרים לשמור את קדושת השבת – לא רק שאלוהים ייתן לנו מספיק בכדי לפצות על הרווח שהיינו עושים אם היינו עובדים בשבת – אלא אף יברכינו "בשפע המחסן".

אם נעיין בספר שמות פרק ט"ז ניראה שבעת שאלוהים סיפק לבני ישראל מדי יום מָן ושליו הרי שביום שישי – הוא סיפק כפליים זאת בכדי שיוכלו להכין ליום שבת. בין בני ישראל היו כמה אשר מתוך אֲנוכיות: יצאו ללקט מָן בשבת אך שבו בידיים ריקות.

החוק הרוחני חל עלינו כיום. אם בן/בת אלוהים אינם שומרים את קדושת השבת ומַחליטים לעבוד בשבת – ישיגו רווח קצר-טווח. אך בטווח הָארוך מסיבה כלשהי הם יחוו אובדן ארוך טווח.

לאמיתו של דבר: אף אם נראה כי הינכם מרוויחים באותה עת – ללא הגנת אלוהים – הינכם צפויים לחוות מספר בעיות בלתי צפויות. לדוגמא: תאונת דרכים, מחלה וכו'. לבסוף יסתיים הדבר באובדן רב יותר מהרווח שעשיתם.

נהַפוך הוא: אם תשמרו את קדושת יום הָאָדון – יגן עליכם אלוהים כל השבוע וידריככם לשגשוג. רוח הקודש תישמור עליכם בַּעַמודי האש שלה מפני מחלות. הרוח תברך: אתכם, את עסקיכם, מקום העבודה וכל מקום אליו תלכו.

לכן חקק אלוהים מצווה זו כאחת מעשרת הדיברות. אלוהים אף קבע כעונש רציני: סקילת כל העובד בשבת בכדי שעמו יזכור ולא ישכח את חֲשיבות השבת ולא ירד במורד שביל המוות (במדבר פרק ט"ו).

למן הרגע בו קיבלתי את ישוע המשיח בחיי: וידאתי לזכור את יום הָאֲדוֹן וקדושתו. בטרם ייסדתי את קהילתינו: ניהלתי חנות ספרים. בימי ראשון: נכנסו לקוחות רבים לחנות בכדי לשאול או להחֲזיר ספרים. בכל פעם שזה קרה – אמרתי: "היום הוא יום הָאֲדוֹן – הֶחנות סגורה" – ולא ביצעתי עסקים באותו יום. כתוצאה: במקום שאֶחווה אובדן – שפך אלוהים ברכות למכביר בששת ימי העבודה כך שלא היה עָלינו אף לחֲשוב על עבודה בִּימי ראשון!

מתי מותר לעבוד או לבצע עסקים בשבת.

אם נהֲגה בכתבי הקודש נמצא מקרים שבם עבודה או עסקים הותרו בשבת. מקרים אלה היו כשהייה הכרחי לבצע את פעֻלי הָאֲדוֹן או מעשים טובים כגון: הצלת חיי אדם.

בשורת מתיתייהו פרק י"ב 5 – 8 אומרת: "*הַאִם לֹא קְרָאתֶם בַּתּוֹרָה כִּי בְּשַׁבָּתוֹת מְחַלְּלִים הַכֹּהֲנִים אֶת הַשַּׁבָּת בַּמִּקְדָּשׁ וְאֵין עֲלֵיהֶם אַשְׁמָה? וַאֲנִי אוֹמֵר לָכֶם שֶׁגָּדוֹל מִן הַמִּקְדָּשׁ נִמְצָא כָּאן. אַךְ אִלּוּ יְדַעְתֶּם מַה מַּשְׁמַע 'חֶסֶד חָפַצְתִּי וְלֹא-זָבַח', לֹא הֱיִיתֶם מַרְשִׁיעִים אֶת הַנְּקִיִּים, שֶׁהֲרֵי בֶּן-הָאָדָם הוּא אֲדוֹן הַשַּׁבָּת*".

כשהכוהנים שחטו חיות לזבח בשבת – זה לא נחֱשב כעבודה. לכן: כל מעשה הנעשה למען הָאֲדוֹן ביום הָאֲדוֹן אינו נחֱשב כהפרת מצוות השבת מאחר וִישוע הינו: אֲדוֹן השבת.

לדוגמא: אם הקהילה רוצה לספק למקהלה ולמורים ארוחה עקב עבודתם הֱקשה בקהילה כל היום – אך אין קפיטריה או את המתקנים הנידרשים לזאת

בתוך המבנה – ניתן לקנות להם אוכל במקום אחר. זאת מאחר וְישוע המשיח הינו אֲדוֹן השבת וּקניית האוכל במקרה זה הינה: למען ביצוע עבודת הָאֲדוֹן. כמובן שיהא אידיאלי יותר אם היו יכינו את האוכל בתוך המיבנה.

כשחנויות הספרים נפתחות בראשון בשבת בתוך הקהילה – אין זה נֶחשב כחילול שבת מאחר והדברים הנמכרים בחנויות הספרים אינם נֶחשבים דברים גשמיים אלא דברים הנותנים חיים למאמינים באֲדוֹן. זה כולל: כתבי קודש, שירי קודש, הקלטות של המסרים וּדברים אחרים הקשורים לקהילה. כמו כן: מכונות המכירה האוטומטיות והמזנונים בתוך מיבנה הקהילה אף הם מותרים מאחר והם עוזרים למאמינים בקהילה ביום הָאֲדוֹן. הרווח ממכירות אלה הינו קודש לְתמיכה במסעות וּבארגוני הרצונות הטובים – לכן הינו שונה מרווח המכירות הגשמיות המתרחֲשות מחוץ לקהילה.

אלוהים אינו מתייחס לכמה עבודות ביום הָאֲדוֹן כחילול שבת – כעבודות בצבא, בכוחות המשטרה, בבתי החולים וכו'. עבודות אלה נעשות בכדי להגן, להציל חיים וּלביצוע מעשים טובים. אך אף אם הינכם נמצאים במַחלקה זו: עליכם לנסות להתמקד באלוהים – אף אם משמעות הדבר שזה יהא רק בליבכם. על ליבכם להיות מוכן להפנות בקשה לממונה עליכם בכדי שישחְררכם באותו יום – אם זה אפשרי – כדי לשמור על קדושת השבת.

מה לגבי המאמינים העורכים את טקס חתונתם בראשון בשבת? אם הם מצהירים על אמונתם באלוהים וּמקיימים את טקס חתונתם ביום הָאֲדוֹן – זה מראה כי אמונתם צעירה מאוד. אך אם הם מחְליטים להתחתן בראשון בשבת ואף אחד מחברי הקהילה ייטול חלק בַּחֲתונתם, הם עלולים להיעָלב וּלהתדרדר בהיתהלכותם באמונה. לכן במקרה זה: חברי הקהילה יכולים ליטול חלק בטקס הַחֲתונה לאחר אסיפת הָהלל וההישתחֲווייה.

זאת בכדי להפגין איכפתיות כלפי העומדים להינשא וּכדי למנוע פגיעה ברגשות והידרדרות בחיי אמונתם. אך לאחרי סיום הטקס לא מקובל להישאר בקבלת הפנים המיועדת למוזמנים בכדי לענג את עצמם.

למעט מקרים אלה: עלולות להיתעורר שאלות רבות לגבי יום הָאֲדוֹן. אךכשנתחיל להבין את לב אלוהים בקלות תוכלו למצוא תשובה לשאלות אלה. כשאנו משליכים את כל הרוע מליבנו – יהא לאל ידינו להשתחֲוות לאלוהים מכל הלב. נוכל להתנהג באהבה כנה כלפי הנפשות האחרות במקום לשפוט אותן בתקנות וחוקים המיוצרים על ידי בני אדם כגון: הפרושים והצדוקים. נוכל ליהנות משבת אמיתית באֲדוֹן מבלי לחלל את יום הָאֲדוֹן. או אז נֵדַע את רצון אלוהים בכל מצב. בהדרכת רוח הקודש נדע מה לעֲשות ונוכל תמיד ליהנות מן החירות כשנתהַלך בָּאמת.

אלוהים הינו אהבה – לכן: אם ילדיו מצייתים למצוותיו וּמשביעים את רצונו – ייתן אלוהים להם את כל אשר יבקשו (האיגרת הראשונה ליוחנן פרק ג': 21 – 22). לא רק שימטיר אלוהים את חסדו – אלא אף יברכינו בשגשוג וַהֲצליחה בכל תחומי חיינו. בסוף חיינו ידריכֵינו אלוהים למשכן הטוב ביותר בשמיים.

אלוהים הכין בעֲבורינו את השמיים. בדיוק כשם שמשתפים הֶכלה והֶחתן את אהבתם ושמחתם כך נוכל לשתף בשמיים אהבה וָאושר נצחיים עם אֲדוֹנֵינוּ. זוה השבת האמיתית שהכין עֲבורינו אלוהים. לכן מתפלל אני שאמונתכם תגדל ותתעֲצם יותר בכל יום – כשהינכם זוכרים לשמור את יום הָאֲדוֹן קדוש ושלם.

פרק ו

הדיברה החמישית:
"כַּבֵּד אֶת־אָבִיךָ וְאֶת־אִמֶּךָ"

שמות פרק כ': 11

"כַּבֵּד אֶת-אָבִיךָ וְאֶת-אִמֶּךָ לְמַעַן יַאֲרִכוּן יָמֶיךָ עַל הָאֲדָמָה אֲשֶׁר-יְהוָה אֱלֹהֶיךָ נֹתֵן לָךְ".

באחת מִתקופות החורף הקרות: כשרחובות קוריאה התמלאו בְּפליטים הסובלים מחורבן המלחמה הקוריאנית – כרעה אישה אחת ללדת. בפניה היו קילומטרים רבים עד היעד – אך כשההתכווצויות התחזקו והיו תכופות יותר – היא זחלה בְּזהירות מתחת לגשר נטוש. שכבה על האדמה הקפואה, סבלה את כל כאבי הלידה לבדה והביאה לעולם תינוק. היא כיסתה את תינוקה המכוסה בדם בבגדיה והניחה אותו בחיקה למען יֵיחם לו.

לאחר מספר דקות עבר חייל אמריקאי ליד הגשר ושמע את בכי התינוק. הוא עקב אחר מקור הבכי, טיפס מתחת לגשר וּמצא אישה מתה, קפואה וְעֵירוּמָּה כפופה מעל תינוק בוכה המכוסה בְּשכבות בגדים. כמו האישה בסיפור זה כך אוהבים הורים אוהבים את ילדיהם עד לְנקודה בה בקלות וּבאורח שאינו אֲנוכי הם נותנים את חייהם למענם. על אחת כמה וכמה מהי אהבת אלוהים אלינו?

"כַּבֵּד אֶת-אָבִיךָ וְאֶת-אִמֶּךָ".

"*כַּבֵּד אֶת-אָבִיךָ וְאֶת-אִמֶּךָ*" משמע: לציית לרצון ההורים וּלשרתם בכבוד וּבַאֲדיבות. הורינו ילדו וגידלו אותנו. אם הורינו לא היו קיימים – אף אנו לא היינו קיימים. לכן אף אם אלוהים לא היה חוקק מצווה זו כאחת מעשרת הדיברות – יכבדו בעלי לבבות טובים את הוריהם בכל מקרה.

אלוהים נתן לנו מצווה זו: "*כַּבֵּד אֶת-אָבִיךָ וְאֶת-אִמֶּךָ*" – מאחר וּכפי שהבטיח באיגרת אל האפסים פרק ו' 1: "*הַבָּנִים – שִׁמְעוּ בְּקוֹל הוֹרֵיכֶם עַל-פִּי הָאָדוֹן – כִּי כָּךְ רָאוּי*" – הוא רוצה שנכבד את הורינו לפי דברו. אם במקרה לא צייתנו לְדבר אלוהים לריצוי הורינו – אין זה באמת לכבדם. זה לחלל את יום השבת וללכת כלפי החושך הנצחי יחד עם הורינו.

אף אם נציית להם וּנשרתם היטב בבשר: מאחר וזוהי – מבחינה רוחנית – הדרך לגיהינום הנצחי איכה יהא לאל ידינו לאמר שאנו אוהבים באמת את

הורינו? ראשית עלינו לנהוג לפי רצון אלוהים ולאחר מכן לנסות לגעת ללב הורינו בכדי שנוכל לצעוד יַחְדיו השמיימה. כך אנו מכבדים אותם באמת.

בספר דברי הימים ב' פרק ט"ו 16 נאמר: *"וְגַם-מַעֲכָה אֵם אָסָא הַמֶּלֶךְ הֱסִירָהּ מִגְּבִירָה אֲשֶׁר-עָשְׂתָה לַאֲשֵׁרָה מִפְלָצֶת וַיִּכְרֹת אָסָא אֶת-מִפְלַצְתָּהּ וַיָּדֶק וַיִּשְׂרֹף בְּנַחַל קִדְרוֹן"*.

אם מלכת עם מסויים סוגדת לאלילים משמע שהינה: עויינת לאלוהים ומצפה לה הגינוי הניצחי. לא רק זאת: היא מעמידה את נתיניה בסכנה בכך שהיא גורמת להם לסגוד לאלילים וליפול תחת גינוי ניצחי יחד איתה. לכן למרות שמעכה הייתה אימו: לא ניסה אסא לרַצותה בצייתנותו – במקום זאת הוא נישלה ממעמדה כמלכה האם בכדי שתוכל לשוב בּתשובה בפני אלוהים על מעשי העוולה שלה וכדי שהעם יוכל להתעורר ולעשות כמוה.

אך הדחת אימו ממעמדה כמלכה אם איין משמעותו שהפסיק למלא את מחוייבותיו כּבנה. הוא אהבה מאוד והמשיך לכבדה כאימו.

בכדי לאמר בכנות: "אני מכבד את הוריי באמת" – עלינו לעזור להורים שאינם מאמינים להיוושע וללכת לשמיים. אם הורינו כבר מאמינים: עלינו לעזור להם להיכנס למקום מחייה טוב יותר בשמיים. בו זמנית: עלינו לנסות אף לשרתם ולרצותם ככל האפשר באמת אלוהים כשאנו חיים כאן על האדמה.

אלוהים הינו: אבי רוחֵינו.

לבסוף *"כַּבֵּד אֶת-אָבִיךָ וְאֶת-אִמֶּךָ"* פירושו זהה לפירוש: "ציית למצוות אלוהים וכבדהו". אם מישהו מכבד באמת את אלוהים ממעמקי ליבו: הוא יכבד אף את הוריו – ובאורח דומה: אם מישהו משרת את הוריו בנאמנות – הוא ישרת אף את אלוהים בנאמנות. אך לאמיתו של דבר: כשזה מגיע לַעֲדיפות: על אלוהים

להיות ראשון.

לדוגמא: בתרבויות רבות אם האב אומר לְבנו: "לך מזרחה" – מציית הבן והולך מזרחה. אך אם באותו זמן יאמר לו סבו: "לא – אל תלך מזרחה. לך מערבה". יאמר הבן לאביו: "סבא אמר לי ללכת מערבה" – והוא יילך מערבה.

אם מכבד האב באמת את אביו: הוא לא יתרגז מאחר ובנו ציית לסבו במקום לו. ציות זה לזקנים – לפי רמת הדור – מיושם אף על יחסינו כלפי אלוהים.

אלוהים הוא אשר ברא ונתן חיים: לאבא, לסבא ולכל אבותינו. אדם נולד מאיחוד הזרע והביצית. אך מי שנותן את זרע הֶחיים היסודי הינו אלוהים.

גופינו הנראה לעין אינו אלא רק אוהל זמני בו אנו משתמשים לְתקופת הזמן הקצרה בה אנו חיים כאן על כדור הארץ. אחרי אלוהים שהינו: הֶאֱדוֹן הֶאמיתי מעל כל אחד מאיתנו – ישנה הרוח הנמצאת בתוכנו. לא חשוב כמה פיקח ומלא ידע הופך האדם: אין מי שיכול לשבט את רוח הֶאדם – ואף אם בני הֶאדם מסוגלים לשבט תאי אדם וליצור צורת אדם – אם אין אלוהים נותן רוח לצורה זו – לא נוכל לקרוא לה אדם.

לכן: אבי רוחֵינו הֶאמיתי הינו אלוהים. בידיעת עובדה זו: עלינו לעשות כל מאמץ לשרת ולכבד את הורינו הפיזיים. אך עלינו: לאהוב, לשרת ולכבד את אלוהים אף יותר – מאחר ואלוהים הינו: ממציא ומְעֲניק הֶחיים עצמם.

לכן הורה המבין זאת לא יַחֲשוב לעולם: "הבאתי את בני לעולם – לכן אני יכול לעשות איתו מה שבא לי". ככתוב בספר תהילים מזמור קכ"ז 3: *"הִנֵּה נַחֲלַת יְהוָה בָּנִים שָׂכָר פְּרִי הַבָּטֶן"*. הורים מאֲמינים יתייחסו לילדיהם כנפש יקרה מאוד שעליהם לטפחה לפי רצון אלוהים ולא לפי רצונם.

כיצד לכבד את: אלוהים – אבי רוחֵינו.

אם כן: מֶה עלינו לעשות בכדי לכבד את אלוהים – אבי רוחינו?

אם באמת מכבדים הינכם את הוריכם: עליכם לציית להם ולנסות להשיב להם אושר ונוחות ללב. באותה דרך: אם באמת ברצונכם לכבד את אלוהים – עליכם לאהוב אותו ולציית למצוותיו.

ככתוב באיגרת הראשונה ליוחנן פרק ה' 3: *"הֵן זֹאת הִיא אַהֲבַת אֱלֹהִים, שֶׁנִּשְׁמֹר אֶת מִצְווֹתָיו. וּמִצְווֹתָיו אֵינָן קָשׁוֹת"* – אם הינכם אוהבים באמת את אלוהים – הרי שהציות למצוותיו יהא תענוג.

מצוות אלוהים נמצאות בששים וששת ספרי כתבי הקודש. כלומר ישנן מילים כמו: "אהבה, סלחנות, עשה שלום, שרת, התפלל" וכד' – בָּן אלוהים אומר לנו לעשות משהו – וישנן אף מילים כמו: "אל תשנא, אל תשפוט, אל תהא יהיר" וכד' – בָּן אומר לנו אלוהים לא לעשות דבר מסוים. ישנן אף מילים כגון: "השלך אף את צורת הרוע הפשוטה ביותר" וכד' – בָּן אומר לנו אלוהים להשליך דבר כלשהו מחיינו – ומילים כגון: "שמור את השבת קדושה" וכו' – בָּן אומר לנו אלוהים לשמור דבר כלשהו.

רק כשנתהלך לפי המצוות שבכתבי הקודש ונהפוך כְּמשיחים לניחוח ארומה לאלוהים – יהא לאל ידינו לאמר שאנו מכבדים באמת את אלוהים האב.

קל לראות שאנשים האוהבים ומכבדים את אלוהים אף אוהבים ומכבדים את הוריהם הפיזיים. זאת מאחר ובמצוות אלוהים כבר כלולות המצוות: לכבד את ההורים ולאהוב את הָאחים/והאחיות.

האם במקרה הינכם אוהבים את אלוהים ועושים כמיטב יכולתיכם לשרתו בקהילה – אך בו זמנית מזניחים את ההורים בבית? האם אתם צנועים וַחֲביבים בפני אחיכם וַאֲחיותיכם בקהילה אך לְפרקים הופכים לגסי רוח ופוגעים בבני המשפחה בבית? האם אתם מתעמתים עם ההורים הזקנים במילים ובמעשים המראים אכזבה ואומרים שמילותיהם הינן ללא היגיון?

נכון שלעיתים יכול להיות שיהיו חילוקי דיעות ביינכם לבין הוריכם מחמת הבדלי: הגיל, החינוך, או התרבות. אך ראשית עלינו תמיד לנסות לכבד את דעות

ההורים. אף אם אנו צודקים: כל עוד דיעותיהם אינן עומדות נגד כתבי הקודש – עלינו להיות מסוגלים להכניע את דעתינו לדעתם.

אל לנו לשכוח לכבד את ההורים בהבנה שחיינו וגדלנו עד כה תודות לאהבתם ולהקרבתם למעננו. ישנם אנשים הֱחשים שהוריהם מעולם לא עשו דבר למענם ומתקשים לכבדם. אך אף אם ישנם הורים שלא היו נאמנים באחראיותם כהורים – עלינו לזכור שכיבוד ההורים שהעניקו לנו חיים הינו הֶאֱדיבות האנושית הבסיסית.

אם הינכם אוהבים את אלוהים – כבדו את הוריכם.

אהבת אלוהים וכיבוד ההורים צועֲדים יחְדיו. האיגרת הראשונה ליוחנן פרק ד' 20 אומרת: "*אִישׁ אִם יֹאמַר "אוֹהֵב אֲנִי אֶת אֱלֹהִים" וְהוּא שׂוֹנֵא אֶת אָחִיו, שַׁקְרָן הוּא; כִּי מִי שֶׁאֵינֶנּוּ אוֹהֵב אֶת אָחִיו אֲשֶׁר הוּא רוֹאֶה אוֹתוֹ לֹא יוּכַל לֶאֱהֹב אֶת הָאֱלֹהִים אֲשֶׁר הוּא אֵינֶנּוּ רוֹאֶה אוֹתוֹ*".

אם מישהו טוען לאהבתו לאלוהים אך אינו אוהב את הוריו ואינו חי בשלום עם אֶחיו וַאֲחיותיו – אדם זה צבוע ושקרן. לכן בְּבשורת מתיתייהו פרק ט"ו: 4 – 9 אנו רואים את ישוע: נוזף בפרושים וּבסופרים. לפי מסורת הזקנים: כל עוד הם נותנים תרומה לאלוהים – הם אינם צריכים לדאוג לתת להוריהם.
אם מישהו אומר שאינו יכול לתת כלום להוריו מאחר ועליו לתת לאלוהים – לא רק ששבר את מצוות אלוהים לגבי כיבוד הורים – אלא שמאחר והשתמש באלוהים כתירוץ – ברור שזה נובע מלב רע; הרצון לקחת את השייך בצדק להוריו בכדי להשביע את רצונו. מישהו שבאמת אוהב וּמכבד את אלוהים ממעמקי ליבו יאהב וִיכבד אף את הוריו.

לדוגמא: אם למישהו שהייתה לו בעיה לאהוב את הוריו בעבר מתחיל להבין יותר את אהבת אלוהים – הוא יחֵל להבין אף את אהבת הוריו. ככל שתיכנסו

יותר לאמת, תשליכו את החטאים ותתהלכו לאור דבר אלוהים – כך יִימלא ליבכם בַּאֲהבת אמת וִיהא לאל ידיכם: לשרת ולאהוב את הוריכם.

הברכות אשר תקבלו משתצייתו לדיברה הַחמישית.

אלוהים הבטיח הבטחה לאוהבי אלוהים ומכבדי הוריהם. ספר שמות פרק כ' 11 אומר: *"כַּבֵּד אֶת-אָבִיךָ וְאֶת-אִמֶּךָ לְמַעַן יַאֲרִכוּן יָמֶיךָ עַל הָאֲדָמָה אֲשֶׁר-יְהוָה אֱלֹהֶיךָ נֹתֵן לָךְ"*.

אין משמעות פסוק זה רק שתחְיו חיים ארוכים אם תכבדו את הוריכם. משמעותו: שככל שתכבדו יותר את אלוהים ותכבדו את הוריכם באמת שלו – יברככם אלוהים בהתאם בשגשוג ובהגנה בכל תחומי הַחיים. "יַאֲרִיכוּן יָמֶיךָ" פירושו: שאלוהים יברך אתכם, את המשפחה, מקום העבודה או העסק מפני אסון פתאומי בכדי שחייכם יהיו ארוכים ומצליחים.

רות מן התנ"ך: קיבלה ברכה זו. רות הייתה אישה נוכריה מארץ מואב. במבט על הנסיבות הפיזיות – עלול פלוני לאמר שהיו לה חיים קשים. היא התחתנה עם יהודי שירד מן הארץ בכדי לחְמוק מן הבצורת. אך זמן קצר לאחר נישואיהם – הוא נפטר והותירה ללא ילדים.

חותנה נפטר זה מכבר – ולא נותר איש בבית לתמוך במשפחה. מי שנשאר בבית היו חותנתה נעמי וגיסתה עורפה. כשחמותה נעמי: הֶחליטה לשוב לְיהודה הֶרות במהירות החליטה רות ללכת בעִקבותיה.

נעמי ניסתה לשכנע את כלתה הצעירה לעזוב ולנסות להתחיל חיים חדשים ושמחים יותר אך היה בלתי אפשרי לשכנע את רות. רות רצתה לטפל בַּחֲמותה האלמנה עד הסוף – ולבסוף הלכה בעקבותיה לְיהודה – ארץ זרה לחֲלוטין בעֲבורה. עקב אהבתה לַחֲמותה: היא רצתה להשלים את כל מחוייבותיה ככלה. היא רצתה לעשות כמיטב יכולתה לטפל בְּנעמי כל עוד היא מסוגלת. בכדי

לעשות זאת: היא הייתה מוכנה אף להחמיץ את ההזדמנות למצוא חיים חדשים ושמחים יותר.

רות אף החלה להאמין באלוהי ישראל. נוכל לראות את התוודותה הנוגעת ללב בספר רות פרק א' פסוקים 16 ו-17:

"אַל-תִּפְגְּעִי-בִי לְעָזְבֵךְ לָשׁוּב מֵאַחֲרָיִךְ כִּי אֶל-אֲשֶׁר תֵּלְכִי אֵלֵךְ וּבַאֲשֶׁר תָּלִינִי אָלִין עַמֵּךְ עַמִּי וֵאלֹהַיִךְ אֱלֹהָי: בַּאֲשֶׁר תָּמוּתִי אָמוּת וְשָׁם אֶקָּבֵר כֹּה יַעֲשֶׂה יְהוָה לִי וְכֹה יוֹסִיף כִּי הַמָּוֶת יַפְרִיד בֵּינִי וּבֵינֵךְ".

משמע אלוהים ווידוי זה – על אף היות רות מן הגויים: הוא בירכה בהצלחה בחיים. לפי המנהג היהודי תוכל האישה להינשא מחדש לאחד מגואלי משפחת בעלה – רות הייתה יכולה להתחיל חיים חדשים ושמחים עם בעל נדיב ולחיות את שארית חייה עם חמותה האהובה.

כמו כן היה: דוד המלך אחד מצאצאיה – והייתה לה הזכות מיוחדת להשתתף באילן היוחסין של ישוע המשיח המושיע. כשם שהבטיח אלוהים: מאחר ורות כיבדה את הוריה (במקרה זה: נעמי) באהבת אלוהים – היא קיבלה שפע ברכות פיזיות ורוחניות.

כרות כך: ראשית עלינו לאהוב את אלוהים – ולאחר מכן לכבד את הורינו באהבת אלוהים – וכתוצאה: נקבל את כל הברכות המובטחות הכלולות בדבר אלוהים: *"יַאֲרִיכוּן יָמֶיךָ"*.

פרק ז

הדיברה השישית: "לֹא תִרְצָח"

שמות פרק כ׳: 12

"לֹא תִּרְצָח".

כרועה קהילה: אני תמיד ביחסי גומלין עם חברי הקהילה. מלבד אסיפות ההלל הרגילות – אני נפגש עימם כשהם באים: לקבל תפילה, לחלוק את עדותם, או לבקש עידוד רוחני. בכדי לעזור להם לגדול ולהתחזק באמונתם לעיתים קרובות אני שואל אותם: "האם את/ה אוהב/ת את אלוהים?"

"כן! אני אוהב/ת את אלוהים" משיבים רובם בביטחה. אך זאת לרוב מאחר ואינם מבינים את מובנה הרוחני האמיתי של אהבת אלוהים. לכן אני משתף איתם את הפסוק האומר: *"הֵן זֹאת הִיא אַהֲבַת אֱלֹהִים, שֶׁנִּשְׁמֹר אֶת מִצְווֹתָיו. וּמִצְווֹתָיו אֵינָן קָשׁוֹת"* (האיגרת הראשונה ליוחנן פרק ה': 3) ומסביר להם את מובנה הרוחני של אהבת אלוהים. כשאני שואל את השאלה בשנית: רובם עונים בפחות ביטחון.

חשוב מאוד להבין את המובן הרוחני שבְּדבר אלוהים. היינו הך לגבי: עשרת הדיברות. אם כן מהי המשמעות הרוחנית אותה נושאת הדיברה השישית בתוכה?

לֹא תִרְצָח.

אם נעיין בְּבראשית פרק ד': נהא עדים למקרה הרצח הראשון בתולדות האנושות. היה זה המקרה בו קיין בנו של אדם רצח את אחיו הצעיר הבל. מדוע דברים כאלה קורים?

הבל הקריב קורבן לאלוהים – בדרך שהשביעה את רצון אלוהים. קיין הקריב קורבן לאלוהים בדרך אותה חשב כְּנכונה ונוחה ביותר בעֲבורו. כשאלוהים לא קיבל את מינחת קיין – במקום לנסות להבין מֶה הייתה טעותו – קינא קיין באחיו והתמלא זעם וָכעס.

אלוהים ידע את לב קיין – ובמקרים רבים הוא אף הִזהירו. אלוהים אמר לו: *"לַפֶּתַח חַטָּאת רֹבֵץ וְאֵלֶיךָ תְּשׁוּקָתוֹ וְאַתָּה תִּמְשָׁל-בּוֹ"* (בראשית פרק ד': 7). אך כתוב בבראשית פרק ד' 8: *"וַיְהִי בִּהְיוֹתָם בַּשָּׂדֶה וַיָּקָם קַיִן אֶל-הֶבֶל אָחִיו וַיַּהַרְגֵהוּ"* – ניבצר מקיין לשלוט בכעס שבליבו ובסופו של דבר ביצע חטא בלתי הפיך.

מהמילים: *"בִּהְיוֹתָם בַּשָּׂדֶה"* נוכל לשער שקיין המתין לרגע בו יהא לבד עם אחיו. פירוש הדבר שקיין החליט זה מכבר בליבו להרוג את אחיו – וציפה להזדמנות המתאימה. הרצח שביצע קיין לא היה מקרי; הייתה זו תוצאת הכעס הבילתי נשלט שהפך בְּמהרה לְפעולה. זה מה שהופך את הרצח שקיין ביצע לחטא גדול.

לאחר הרצח הראשון אירעו מקרי רצח רבים בהיסטורייה האנושית – וכיום מאחר והעולם מלא בחטא – חלים מקרי רצח רבים מידי יום. גילם הממוצע של הפושעים יורד – וסוגי הפשיעה הופכים לרעים יותר ויותר. מה שגרוע יותר הינו שבימינו: מקרי הרצח בם הורים הורגים את ילדיהם וילדים הורגים את הוריהם אינם מזעזעים יותר.

הרצח הפיזי: נטילת חיי אדם אחר.

מבחינה חוקית ישנם שני סוגי רצח: ישנו רצח מדרגה ראשונה – בו אדם הורג אדם אחר בכוונת תחילה מסיבה כלשהי; קיים אף רצח מדרגה שנייה – בו אדם רוצח אדם אחר ללא כוונת תחילה [בשוגג]. רצח בזדון או לתועלת גשמית או רצח מקרי עקב נהיגה פזיזה כולם סוגי רצח; אך כובד החטא שונה בין המִקרים – לפי המקרה עצמו. ישנו רצח שאינו נֶחֱשב כחטא כגון: דם הנשפך בְּשדה הקרב או הריגה כתוצאה מהגנה עצמית מוצדקת.

כתבי הקודש אומרים: שאם מישהו הורג גנב החודר לביתו בלילה אין זה נֶחֱשב לרצח. אך אם מישהו הורג גנב החודר לביתו לאור יום – זה נֶחֱשב להגנה עצמית מופרזת – ועליו להיעָנש. זאת מאחר וּמספר אלפי שנים קודם לכן כשנתן אלוהים את תורתו: היה לאל ידי האנשים לרדוף בקלות אחר גנב או לתופסו בעזרת אדם אחר.

אלוהים מתייחס להגנה עצמית מופרזת הגורמת לְשפיכת דם אדם אחר כאל

חטא. במקרה זה מאחר ואלוהים אוסר הזנחת זכותו של אדם וההתעללות בִּכבוד הֶחיים. זה מראה את טבעו הצודק והאוהב של אלוהים (שמות פרק כ"ב: 2 – 3).

התאבדות וַהֲפלה (הפסקת היריון).

מלבד סוגי הרצח ישנה אף: ה "היתאבדות'. 'היתאבדות' נֶחֱשבת כ'רצח' בעייני אלוהים. לאלוהים ריבונות על חיי כל אדם – והיתאבדות הינה התכחשות לריבונות זו. לכן היתאבדות הינה חטא גדול.

אך אנשים מבצעים חטא זה מאחר ואינם מאמינים בחיים שלאחר המוות –או שאינם מאמינים באלוהים. לכן: בנוסף לביצוע חטא אי-האמונה באלוהים – הם אף מבצעים את חטא הרצח. דמיינו נא מה העונש המצפה להם?!

כיום בעידן המירשתת [אינטרנט]: ישנם מקרים רבים בם מפותים אנשים על ידי אתרים שונים לבצע היתאבדות. בקוריאה: רמת המוות הראשונה בין אנשים בגיל ארבעים הינה: סרטן – והסיבה השנייה הינה: היתאבדות זה הופך לְבעייה חברתית רצינית. על בני הָאדם להבין שלא קיבלו סמכות והֵיתר לסיים את חייהם. רק מאחר וסיימו את חייהם כאן על האדמה אין פירושו: שבעייתם ניפתרה.

מה לגבי הפלה? לאֲמיתו של דבר: חיי העובר ברחם הינם תחת ריבונות כוח אלוהים – לכן ההפלה נופלת תחת קטגוריית הרצח.

כיום בעת בה שולט החטא בחיי רבים – מבצעים הורים הפלות מבלי להתייחס לזאת כחטא. רצח אדם אחר הינו חטא נוראי – אך אם הורים נוטלים את חיי ילדיהם – מֶה עצום החטא?

הרצח הפיזי הינו חטא ברור לכן לכל מדינה חוקים קפדניים כנגדו. זה אף חטא עצום בעייני אלוהים – לכן: השטן האויב יכול להביא לניסיונות וַאֲסונות רבים לרוצחים. לא רק זאת: דין חמור מצפה להם בעולם הבא – לכן אסור לבצע את

חטא הרצח.

הרצח הרוחני המזיק לרוח ולנפש.

אלוהים מתייחס לרצח הפיזי כחטא אָיום – אך הוא מתייחס אף לרצח הרוחני – שהינו אָיום בצורה שווה – ונחֱשב אף הוא כחטא. אם כן: מהו בדיוק הרצח הרוחני?

ראשית הרצח הרוחני הינו: כשמישהו עושה משהו מחוץ לאמת אלוהים – אם זה במילים או במעשים – ולבסוף גורם לאחר למעוד באמונה. לגרום למאמין אחר למעוד באמונה משמע: לפגוע ברוחו בזאת שאנו גורמים לו להתרחק מאמת אלוהים.

נאמר שמאמין צעיר בא לאחד ממנהיגי הקהילה לקבלת ייעוץ ושאל: "האם זה בסדר שאחֲמיץ את אסיפת ראשון בשבת בכדי לטפל בעניין חשוב מאוד?" אם המנהיג מייעץ לו: "ובכן אם זה לעניין חשוב – אני מניח שזה בסדר אם תחֲמיץ את אסיפת ראשון בשבת" – המנהיג גורם למאמין הצעיר למעוד.

או גיזבר הקהילה שואל: "האם אני יכול ללוות מקופת הקהילה לשימושי האישי? אוכל להחֲזיר הכל תוך ימיםמספר". אם מנהיג הקהילה עונה: "כל עוד תחֲזיר אותו בסופו של דבר – אין זה חשוב באמת" – המנהיג מלמדו דבר המנוגד לְרצון אלוהים – לכן הוא מזיק לרוח המאמין.

אם מנהיג קבוצה קטנה אומר: "אנו חיים בעולם עסוק מאוד בימינו. איכה יהא לאל ידינו להיפגש לעיתים תכופות?" – ומלמד את המאמינים האחרים לא להתחֲשב ברצינות לאסיפות הקהילה משמע שהוא מלמד נגד אמת אלוהים – ובזאת הוא גורם למאמינים האחרים למעוד (האיגרת אל העיברים פרק י': 25). ככתוב: *"הַנִּיחוּ לָהֶם. מוֹרֵי-דֶרֶךְ עִוְרִים הֵם לְעִוְרִים; וְאִם עִוֵּר מַדְרִיךְ אֶת הָעִוֵּר הֲרֵי*

שְׁנֵיהֶם יִפְּלוּ לַבּוֹר" (בשורת מתיתייהו פרק ט"ו: 14).

לכן: ללמד מאמינים אחרים מידע שקרי ולגרום להם למעוד ולהתרחק מאמת אלוהים זה סוג של רצח רוחני. לתת למאמינים מידע לא נכון יכול לגרום להם לְחֲוות אסונות ללא כל סיבה. לכן על מנהיגי הקהילה הנמצאים במעמד לימוד להתפלל בלהט בפני אלוהים ולתת מידע נכון – או שעליהם להעֲביר את השאלות למנהיג אחר המסוגל להשיג את המידע הנכון מאלוהים ולנווט את המאמינים לְגדילה בכיוון הנכון.

כמו כן: לאמר דברים שאסור לאמר, או מילות רוע – זהו דבר הנופל למַחֲלֶקֶת הרצח הרוחני. לאמר מילים היכולות לגנות או לשפוט אחרים ויוצרות את מקדש השטן ע"י הרכילות, או יצירת מחֲלוקת בין האנשים כולן דוגמאות להסתת הָאחר לשנוא או לפעול מתוך רוע.

מה שגרוע יותר הינו: כשאנשים מפיצים שמועות על אנשי אלוהים – כרועי קהילה, או על קהילה מסויימת. השמועות הללו יכולות לגרום לְמעידת רבים – לכן מפיצי השמועות הללו יישפטו לבסוף בפני אלוהים.

במספר מקרים אנו רואים: שאנשים מזיקים לרוחם מחמת הרוע שבליבם. דוגמאות לסוג האנשים הללו הינן היהודים [מנהיגי הדת] שניסו להרוג את ישוע – למרות שפעל בָּאמת – או יהודה איש קריות שבגד בִּישוע כשמכרו ליהודים תמורת שלושים שקלי כסף.

אם מישהו מועד לאחר שראה את חולשות הָאחר – עליו לדעת שאף בו קיים רוע. לְפרקים מישהו מסתכל על משיחי חדש שעדיין לא השליך את דרכיו הקודמות ואומר: "והוא קורא לעצמו משיחי? לא אלך לקהילה בעֲטיו". – זהו מקרה בו הם גורמים לעצמם למעוד. אף אחד לא הביא זאת עליהם; אלא שהם מזיקים לעצמם מליבם הרע והביקורתי.

במספר מקרים: עלולים אנשים להתרחק מאלוהים לאחר אכזבתם ממישהו שהאמינו שהינו מאמין חזק – וטוענים שהוא התנהג מתוך שקריות. אם רק היו

81
"לֹא תִּרְצָח"

מתמקדים באלוהים ובאֲדוֹן ישוע המשיח: הם לא היו מועדים ועוזבים את דרך הישועה.

לדוגמא: לְפרקים אנשים חותמים לאדם שהם באמת בוטחים ומכבדים. אך מסיבה זו או אחרת משהו משתבש והחותם נמצא בְּבעיות עקב זאת. במקרה זה: אנשים רבים מתאכזבים ונעלבים עד מאוד. כשדבר מעין זה קורה: עליהם להבין שהמצב רק מוכיח שאמונתם לא הייתה אמונה אמיתית – ושעליהם לשוב בְּתשובה על חוסר ציותם. הם אלה שלא צייתו לאלוהים כשאמר להם מפורשות לא לַחְתוֹם ערבות (משלי פרק כ"ב: 26).

אם באמת הינכם בעלי לב טוב ואמונה כנה – משתראו את חולשות הָאחר – עליכם להתפלל למענו בלב חנון ולחכות שיישתנה.

כמו כן: ישנם אנשים היכולים לִהְוות מכשול לעצמם לאחר שנעלבו כשהִקשיבו למסר אלוהים. אם לדוגמא: רועה הקהילה מוסר מסר על חטא מסויים – על אף שרועה הקהילה מעולם לא חשב עליהם ולא הזכיר את שמם – הם חושבים: "רועה הקהילה מדבר עלי! איכה הוא יכול לעשות זאת בפני כולם?" – ועוזבים את הקהילה.

או כשרועה הקהילה אומר: שהמַעֲשר שייך לאלוהים ושאלוהים מברך את נותני המַעֲשר – יש המתלוננים שהקהילה שמה דגש רב על כסף – וכשהרועה מעיד על כוח אלוהים ועל ניסיו – יש האומרים: "אין זה הגיוני" ומתלוננים שהמסרים אינם מסכימים עם הידע והחינוך שלהם. כל אלה הינן דוגמאות: לאנשים הנעלבים בכוחות עצמם ויוצרים את המכשולים שלהם בתוך ליבם.

ישוע אמר בבשורת מתיתייהו פרק י"א 6: *"וְאַשְׁרֵי מִי שֶׁלֹּא אֶהְיֶה לוֹ לְמִכְשׁוֹל"* – ובשורת יוחנן פרק י"א 10 אומרת: *"אֲבָל הַמִּתְהַלֵּךְ בַּלַּיְלָה נִכְשָׁל, כִּי הָאוֹר אֵינֶנּוּ בּוֹ"*. אם למישהו לב טוב ורוצה הינו לקבל את האמת: הוא לא ימעד ולא ייפול הרחק מאלוהים מאחר – ודבר אלוהים שהוא אור יהא עימו. אם מישהו מועד על מכשול או נעלב ממשהו – זה רק מוכיח שעדיין קיים בו חושך.

כמובן שכאשר מישהו נעלב על נקלה – זה מראה: שהינו חלש באמונתו או

82
תורת אלוהים

שחושך בליבו. אך אדם המעליב אחר: אף אם מה שהוא אומר הינה האמת המוחֶלטת – עליו לנסות לשחָרר זאת בחוכמה – בדרך המתקשרת עם רמת אמונתו.

אם הינכם אומרים לְמשיחי אשר נולד מחדש ורק קיבל את רוח הקודש: "אם תרצה להיוושע – הפסק לשתות ולעשן", או: "אל לך לפתוח את חנותך בראשון בשבת", או: "אם תבצע את חטא הפסקת התפילה – זה יהָפוך לחומה ביינך לביין אלוהים – לכן וודא שתבוא לקהילה ותתפלל כל יום". זה משתווה להאכלת תינוק בבשר – כשעליו עדיין לינוק. אף אם המאמין הֶחדש ציית תחת הלחץ – לרוב יחָשוב: "אוי וָוי: להיות משיחי זהו דבר קשה ביותר", הוא עלול לחוש בעומס – ובמוקדם או בְּמאוחר ייוותרו על התהלכות האמונה שלהם.

בשורת מתיתייהו פרק י"ח 7 אומרת: *"אוֹי לָעוֹלָם מִן הַמִּכְשׁוֹלִים, כִּי מִן הַהֶכְרֵחַ שֶׁיָּבוֹאוּ מִכְשׁוֹלִים, אֲבָל אוֹי לָאִישׁ שֶׁהַמִּכְשׁוֹל יָבוֹא דַּרְכּוֹ!"* אף אם הינכם אומרים משהו לתועלת הזולת: אם מה שאתה אומרים מעליב או מרחיק מאלוהים – זה נחֶשב כרצח רוחני – ובסופו של דבר תיתקלו בניסיונות ותשלמו את מחיר החטא.

לכן: אם היכם אוהבים את אלוהים ואת האחרים – עליכם לאמן עצמיכם להיות בעלי שליטה עצמית בכל מילה שהינכם אומרים – בכדי שכל מה שתאמרו יביא חסד וברכה לכל המאָזין. אף אם אהינכם מלמדים לְפלוני את האמת – עליכם לנסות להיות רגישים ולראות אם מה שהינכם אומרים עלול לגרום לו לחוש כנאשם וכבד לב – או אם זה נותן לו תקווה ומחָזקו לממש את אשר למד בחייו – והכל בכדי שכל מי שהינכם משרתים יוכל: להתהלך בדרך הפאר של הֶחיים במשיח ישוע.

הרצח הרוחני של שנאת הֶאחר.

הסוג השני של הרצח הרוחני הינו: שינאת אח או אחות אחרים במשיח.

באיגרת הראשונה ליוחנן פרק ג' 15 כתוב: *"כָּל הַשּׂוֹנֵא אֶת אָחִיו רוֹצֵחַ הוּא. וְיוֹדְעִים אַתֶּם שֶׁכָּל רוֹצֵחַ אֵין חַיֵּי עוֹלָם מִתְקַיְּמִים בּוֹ".*
זאת מאחר ובאופן בסיסי: שורש הרצח הינו שנאה. תחילה: מישהו עלול לשנוא אחר בליבו. אך כששנאה זו גדלה: היא מסוגלת לגרום לביצוע מעשה רוע נגד אותו אדם – ולבסוף: שנאה זו עלולה לגרום לו לבצע רצח. אף במקרה של קיין הכל התחיל כשקיין החל לשנוא את הבל אחיו.

לכן בשורת מתיתייהו פרק ה' 21 – 22 אומרת: *"שְׁמַעְתֶּם כִּי נֶאֱמַר לָרִאשׁוֹנִים 'לֹא תִּרְצָח', וְ'כָל רוֹצֵחַ חַיָּב לַעֲמֹד לְדִין'. וַאֲנִי אוֹמֵר לָכֶם: כָּל הַכּוֹעֵס עַל אָחִיו חַיָּב לַעֲמֹד לְדִין; הָאוֹמֵר לְאָחִיו 'רֵיק' חַיָּב לַעֲמֹד לְמִשְׁפַּט הַסַּנְהֶדְרִין; וְהָאוֹמֵר 'אֱוִיל' דִּינוֹ לְאֵשׁ גֵּיהִנּוֹם".*
כשמישהו שונא אחרים בליבו: כעסו עלול לגרום לכך שהוא ייאבק בם – ואם משהו טוב קורה בחיי הָאדם שהוא שונא – הוא עלול להפוך לקנאי וביקורתי, הוא יְיַגֶּה את הָאחר ויפיץ דברים לגבי חולשתו. הוא עלול להונות אותו,להזיק לו, או להפוך לאוייבו. לשנוא אדם אחר ולהתנהג כלפי אדם אחר מתוך רוע אלו הן דוגמאות לרצח רוחני.

בעת התנ"ך כשאלוהים עדיין לא שלח את רוח הקודש – לא היה לאל ידי אנשים למול את ליבם בנקל ולהתקדש. אך כעת בעידן הברית החדשה: מאחר שאנו יכולים לקבל את רוח הקודש בליבנו – נותנת לנו רוח הקודש את הכוח להיפטר מכל טבע החטא הנמצא במעמקי הלב.

בהיותה חלק מן השילוש הקדוש: רוח הקודש הינה כאם מכוונת המלמדת אותנו על לב אלוהים האב. רוח הקודש מלמדת אותנו אף על: החטא, הצדק והדין – לכן היא עוזרת לנו לחְיות בָּאֱמֶת. לשם כך אנו יכולים להשליך אף את צורת החטא הפשוטה ביותר.

לכן לא רק שאלוהים אומר לנו שלא לבצע רצח פיזי – אלא שהוא אף אומר לנו לעקור אף את שורש השנאה מליבנו. רק כשיהא לאל ידינו להשליך את כל הרוע מן הלב ולמלאו באהבה – נוכל באמת לשכון באהבת אלוהים ולהתענג בהוכחת אהבתו (האיגרת הראשונה ליוחנן פרק ד': 11 – 12).

כשאוהבים מישהו: לא רואים את מִגרעותיו – ואם לאותו אדם יש חולשה: נחוש כלפיו אהדה – ובלב מלא בתקווה נעודדו וניתן לו את הכוח להשתנות. כשעדיין היינו חוטאים נתן לנו אלוהים סוג אהבה זה בכדי שנוכל להיוושע וללכת השמיימה.

לכן לא רק שעלינו לציית למצווה: "*לֹא תִרְצָח*" אלא שעלינו אף לאהוב את כל האנשים – ואף את אויבינו – באהבת המשיח ולקבל את ברכות אלוהים כל הזמן – ולבסוף ניכנס למשכן היפה ביותר בשמיים ונחְיה לנצח באהבת אלוהים.

פרק ח

הדיברה השביעית: "לֹא תִנְאָף"

שמות פרק כ׳: 12

"לֹא תִּנְאָף".

הַוֶוזוּב הנמצא בְּדרום איטליה היה: הר געש פעיל שהעלה אדים מדי פעם – אך אנשים חשבו שהוא רק עושה את פומפיי לנוף יפה יותר.

ב 24/8/79 בְּשעות הצהרים לערך פרצה רעידת אדמה שהתחזקה מרגע לרגע, ענן פטרייה התפרץ מהווזוב וחסם את השמיים מעל פומפיי. בהתפוצצות גדולה: ניבקעה פסגת ההר וסלעים מותכים ואפר החלו לרדת אל הקרקע.

תוך מספר דקות: נהרגו רבים כשהניצולים נסו על נפשם לכוון האוקיינוס. בְּעת זו אירע הדבר הֶגרוע ביותר שניתן לצפותו: הרוח התעצמה ונעה לעבר האוקיינוס.

חום וגז רעיל הטביעו את אזרחי פומפיי שאך זה שרדו את התופת – בכך שברחו לאוקינוס – וכולם נהרגו.

פומפיי הייתה עיר הילולים המלאה באלילים ותאווה. יומה האחרון מזכיר לנו את סדום ועמורה מכתבי הקודש – לאחר שחוו את משפט אש אלוהים. גורל ערים אלה הינו: תזכורת ברורה לעד כמה מתעב אלוהים את הלב התאוותני וסגידת האלילים. דבר המוזכר בעשרת הדיברות.

"לֹא תִנְאָף".

ניאוף הינו: פעולת גומלין מינית בין גבר לאישה שאינם נשואים. לפני זמן רב נֶחשב הניאוף מעשה כבלתי מוסרי בצורה קיצונית. אך מה לגבי היום? בשל התפתחות המחֲשבים והמירשתת: נָכוֹנָה גישה לְמבוגרים ואף לִילדים לחומר תאוותני בקצות אצבעותיהם.

עקרונות המוסר לגבי יחסי-מין בחברה כיום כה התערערו שתמונות מגונות או חושניות ניראות על: מסכי הטלויזיה, בסרטים ואף בסרטים המצויירים לִילדים – וחֲשיפת הגוף בְּתעוזה התפשטה במהירות במותגי האופנה. כתוצאה: המובן המוטעה לגבי המין מתפשט בְּמהירות רבה.

בכדי להגיע לשורש העניין: הבה נלמד את משמעות הדיברה השביעית: "לֹא תִנְאָף" – בִּשלושה חלקים.

הניאוף בפעולה.

מובן העקרונות המוסריים אצל בני הָאדם כיום הינו גרוע יותר מאשר אי פעם. עד כדי כך שבסרטים וּבְדרמות טלוויזיה: הניאוף ניראה לרוב כסוג אהבה יפה ביותר. בימים אלה: גברים ונשים לא נשואים מתמסרים זה לזו וּמקיימים יחסים מחוץ או בטרם נישואים – במחֲשבה: "זה בסדר מאחר ונינשא בעתיד". אף גברים ונשים נשואים מודים שיש להם יחסים עם אנשים שאינם בני/בנות הזוג – וּלהחֲמרת המצב: הגיל בו אנשים חווים יחסי-מין הופך לצעיר יותר ויותר.

אם תעַיינו בחוקים שהיו קיימים כשניתנו עשרת הדיברות למשה תימצאו שנוֹאֲפים נעֱנשו בחומרה. על אף שאלוהים הינו אהבה: הניאוף הינו חטא רציני וּבלתי מקובל.

ספר ויקרא פרק כ' 10 מכריז: *"וְאִישׁ אֲשֶׁר יִנְאַף אֶת-אֵשֶׁת אִישׁ אֲשֶׁר יִנְאַף אֶת-אֵשֶׁת רֵעֵהוּ מוֹת-יוּמַת הַנֹּאֵף וְהַנֹּאָפֶת"* – וּבעידן הברית החדשה: מעשה הניאוף נחֱשב כחטא ההורס את הגוף והנשמה וּמונע ישועה מן הנואף / פת:

"אוֹ שֶׁמָּא אֵינְכֶם יוֹדְעִים כִּי עוֹשֵׂי עָוֶל לֹא יִירְשׁוּ אֶת מַלְכוּת הָאֱלֹהִים? אַל תִּטְעוּ;לֹא זוֹנִים וְלֹא עוֹבְדֵי אֱלִילִים, לֹא מְנָאֲפִים וְלֹא עוֹשֵׂי זִמָּה וְלֹא יוֹדְעֵי מִשְׁכַּב זָכָר, לֹא גַּנָּבִים וְלֹא חַמְדָנִים, לֹא סוֹבְאִים וְלֹא מְגַדְּפִים וְלֹא חוֹמְסִים יִירְשׁוּ אֶת מַלְכוּת הָאֱלֹהִים" (האיגרת הראשונה אל הקורינתים פרק ו': 9 – 10).

אם מאמין חדש חוטא מחמת אי-מודעות לאמת: הוא יקבל את חסד אלוהים וִיקבל הזדמנות לשוב בִּתשובה. אך אם מישהו שנחֱשב למאמין בוגר רוחנית המודע לאמת אלוהים ממשיך לבצע את חטא זה: יקשה עליו אף לקבל את רוח החרטה.

ספר ויקרא פרק כ' 13 – 16 מדבר על: חטא קיום יחסים עם חיה ועל חטא היחסים ההומוסקסואלים. כיום ישנן מדינות המקבלות באופן חוקי את היחסים ההומוסקסואלים; אך זוהי תועבה בעייני אלוהים. ישנם אנשים העונים ואומרים: "הזמנים השתנו" – אך לא חשוב כמה השתנו הזמנים – דבר אלוהים – שהינו האמת: לעולם אינו משתנה. לכן אם פלוני הינו בן אלוהים: אל לו לזהם עצמו בהתהלכות אחר מגמות העולם הזה.

ניאוף שבמחֲשבה.

כשאלוהים מדבר על ניאוף: אין הוארק מדבר רק על ביצוע הניאוף. הפעולה החיצונית של ביצוע הניאוף הינה מקרה ברור של ניאוף – אך להתענג בדמיון או צפייה במעשים בלתי מוסריים אף הם ניאוף.

מחֲשבות תאווה גורמות לאדם להיות בעל לב תאוותני – וזהו מקרה של ניאוף שבלב. אף אם הוא לא פעל פיזית אם לדוגמא: גבר רואה אישה ומבצע ניאוף שבליבו – אלוהים: הרואה את מעמקי לב הָאדם – מחֲשיב זאת לביצוע ניאוף פיזי.

בְּבשורת מתיתייהו פרק ה' 27 – 28 נאמר: *"שְׁמַעְתֶּם כִּי נֶאֱמַר 'לֹא תִּנְאָף' וַאֲנִי אוֹמֵר לָכֶם שֶׁכָּל הַמַּבִּיט בְּאִשָּׁה מִתּוֹךְ תַּאֲוָה אֵלֶיהָ כְּבָר נָאַף אוֹתָהּ בְּלִבּוֹ"*. לאחר שמחֲשבה חוטאת נכנסת למוח הָאדם: היא עוברת לליבו וזה ניראה במעשיו. רק לאחר כניסת השנאה ללב הָאדם הוא או היא מתחילים לעשות דברים המזיקים לאחר. רק לאחר שהזעם נערם בלב הָאדם הם מתמלאים בכעס וּבְקללה.

באורח דומה: כשלאדם תשוקות תאוותניות בליבו: הוא כבר נאף – כי שורש החטא הינו היינו הך.

יום אחד בְּשנת לימודי הראשונה: הזדעזעתי כששמעתי את שיחת חבורת רועי קהילה. עד לאותו רגע תמיד אהבתי וכיבדתי רועי קהילה והתייחסתי אליהם כאילו התייחסתי לאֲדוֹן. אך לאחר וויכוח לוהט הם הגיעו למסקנה ש "כל עוד זה

לא היה בכוונה – ביצוע הניאוף בלב אינו נֶחשב כחטא".

כשאלוהים חקק את המצווה: "*לֹא תִּנְאָף*" – הוא לא נתן לנו אותה כי ידע שנוכל לפעול לפיה? מאחר וישוע אמר: "וַאֲנִי אוֹמֵר לָכֶם שֶׁכָּל הַמַּבִּיט בְּאִשָּׁה מִתּוֹךְ תַּאֲוָה אֵלֶיהָ כְּבָר נָאַף אוֹתָהּ בְּלִבּוֹ" – עלינו פשוט להשליך מתוכנו את התשוקות התאוותניות. אין יותר מה לאמר. כן: אולי קשה לעשות זאת בכוחנו האנושי – אך בִּתפילה וָצום: נוכל לקבל חיזוק מאלוהים בכדי להשליך בקלות את התאווה מליבנו.

ישוע חבש את עטרת הקוצים ושפך את דמו בכדי לסלק את החטאים שאנו מבצעים במַחֲשבה וּבמוח. אלוהים שלח לנו את רוח הקודש בכדי שנוכל לסלק אף את כל הטבע החוטא שבליבנו. אם כן מה נוכל לעשות בכדי לסלק את התאווה מליבנו?

שלבי סילוק התאווה מליבנו.

הבה נניח שאישה יפה או בחור חתיך חלפו בקירבתכם וַאֲתם חושבים: "וואו – היא יפה" או "הוא חתיך", "הייתי רוצה לצאת איתה /איתו". רבים לא יתייחֲסו למַחֲשבות אלה כתאוותניות או כמַחֲשבות ניאוף. אך אם מישהו אומר מילים אלה בכוונת תחילה – זהו סימן לתאווה. בכדי לגרש את רמזי התאווה הללו שומה עלינו לעבור את תהליך המאבק הרציני ללוחמה נגד חטא זה.

לרוב ככל שתנסו לא לחֲשוב על משהו – זה יצוץ במוחכם. לאחר הצפייה בגבר ואישה המבצעים מעשה בלתי מוסרי בסרט: התמונה אינה נעֶלמת – אלא: ממשיכה לצוץ במוח פעם אחר פעם. ככל שנחֲקקה התמונה בליבכם כך תישאר לְתקופה ארוכה יותר בזיכרון.

אם כן: מה נוכל לעשות בכדי לגרש את המַחֲשבות התאוותניות הללו מן המוח? ראשית – עלינו לעשות כל מאמץ לחֲמוק: ממשחקים, מגזינים וכדומה –

הנושאים תמונות המפתות אותנו למַחשבות תאווה – וּכשמחֲשבת תאווה חודרת למוחינו – עלינו להרתיע את כיוונה. נניח שמַחֲשֶׁבֶת תאווה צצה במוחינו – במקום לתת לה להמשיך: עלינו לנסות לעצרה בו במקום.

כשנשנה את סוגי המַחשבות הללו למַחשבות: טובות, אמיתיות וּמשביעות את רצון אלוהים – ואף ניתפלל ללא הרף וּנבקש את עזרת אלוהים – לבטח ייחַזקנו אלוהים להילחם בפיתויים אלה. כל עוד הינכם רוצים וּמתפללים בלהט: יבוֹאו עליכם חסד וכוח אלוהים – וּבעזרת רוח הקודש: יהא לאל ידיכם להשליך את המַחשבות החוטאות הללו.

אך הֶחשוב ביותר כאן הינו: לזכור שאל לנו להפסיק לאחר ניסיון או שניים. עלינו להמשיך להתפלל באמונה עד הסוף המריר. זה עלול לקחת חודש, שנה, או אף שנתיים ושלוש. אך לא חשוב כמה ארוכה התקופה – עלינו לבטוח תמיד באלוהים וּלהתפלל ללא הרף – או אז: יחַזקכם אלוהים כך שיום אחד תביסו וּתשליכו את התאווה מליבכם אחת וּלתמיד.

ברגע שתעברו את שלב: "עצירת המַחשבות הרעות" – תיכנסו לשלב בו תוכלו: "לשלוט בליבכם". בשלב זה: אף הינכם רואים תמונה תאוותנית – אם תחַליטו בלב: "יותר טוב אם לא אחֱשוב על זאת" – לא תחֲדור המַחשבה למוחכם בשנית. הניאוּף שבלב בא על ידי שילוב המַחשבות והרגשות – ואם תוכלו לשלוט במַחשבות: לא יהא כל סיכוי לחֲטאים הבאים ממַחשבות אלה לחֲדור לליבכם.

השלב הבא הינו זה: ש"המַחשבות הבלתי הולמות אינן מתרחֲשות יותר". אף אם תראו תמונה תאוותנית: מוחכם לא יושפע הימנה – כך לא תוכל התאווה להיכנס לליבכם. השלב הבא הינו השלב שבו: "לא תוכלו וּלו בכוונה לחֲשוב מַחשבות שאינן הולמות".

כשתגיעו לשלב זה: אף אם תנסו לחֲשוב מַחשבות תאוותניות – זה פשוט לא יקרה. מאחר וַעֲקרתם את החטא משורשיו – אף אם תראו תמונה המעוררת את התאווה: לא תהא בכם כל מַחשבה או רגש כלפיה. משמעות הדבר שהתמונות השקריות – או הלא-אלוהיות – לא תוכלנה לחֲדור למוחֲכם.

כמובן שבמהלך תהליך זה: יכול להיות שתחָשבו כי השלכתם את הכל – אך החטא מתגנב בחָזרה בצורה זו או אחרת.

אך אם תאָמינו בּדבר אלוהים וִיהא בכם הרצון לציית למצוותיו וּלהשליך את חטאותיכם: לא תעָמדו במקום בהתהלכות האמונה. זה כמו לקַלוף בצל: כשקולפים שכבה או שתיים – זה ייראה כאילו השכבות הינן אינסופיות – אבל רק עוד מספר שכבות – תבינו שקילפתם את כולן.

מאמינים המביטים על עצמם באמונה אינם מתאכזבים במחָשבה: "ניסיתי ככל יכולתי – אך עדיין אינני מסוגל/ת להשליך את הטבע החוטא הזה". נהָפוך הוא: עליהם להיות בעלי אמונה שהם ישתנו ככל שיינסו להשליך את החטאים – וּכשזה במחָשבתם: עליהם לשאוף לכך בכוח. אם הינכם מודעים לכך שעדיין הטבע החוטא הזה נמצא בכם – עליכם להיות אסירי תודה על כך שעדיין יש לכם הזדמנות להיפטר הֵימֶנוּ.

אם בעת המעֲבר בּשלבי תהליך השלכת התאווה מחייכם: חדרה מחָשבה תאוותנית למוחכם ולוּ לשנייה – אל דאָגה: אלוהים לא יִראֶה בזאת ניאוף. אם תישארו באותה מחָשבה ותיתנו לה להתקדם – אזי היא תהָפוך לחטא גדול – אך אם תשובו בּתשובה בו במקום ותמשיכו במאָמציכם להתקדש – יביט עליכם אלוהים בחסדו ויעניק לכם את הכוח לגבור וּלנצח את החטא.

ביצוע ניאוף רוחני.

ביצוע ניאוף שבגוף משמעותו: ביצוע ניאוף בבשר – אך מה שרציני יותר מביצוע ניאוף פיזי הינו: ביצוע ניאוף רוחני. "ניאוף רוחני" הינו: כשאדם מתיימר להיות מאָמין אך עדיין אוהב את העולם יותר מאשר את אלוהים. אם תחָשבו על כך תמצאו: שהסיבה העיקרית לכך שאדם מבצע ניאוף פיזי הינה מאחר ויש לו אהבה גדולה יותר לתענוגות הבשר מאשר האהבה לאלוהים בליבו.

באיגרת אל הקולוסים פרק ג' 5 – 6 אנו קוראים: *"עַל כֵּן מוֹתְתוּ אֶת הָאֵיבָרִים הַשַּׁיָּכִים לָאָרֶץ, אֶת הַזְּנוּת וְהַטֻּמְאָה וְהַזִּמָּה וְהַתַּאֲוָה הָרָעָה, וְאֶת הַחַמְדָנוּת שֶׁאֵינָהּ אֶלָּא עֲבוֹדַת אֱלִילִים; כִּי בִּגְלַל אֵלֶּה בָּא חֲרוֹן אֱלֹהִים עַל בְּנֵי הַמֶּרִי"*. משמעות הדבר שאף אם קיבלנו את רוח הקודש, חווינו את ניסי אלוהים ויש בנו אמונה: אם איננו משליכים מליבנו את התאווה והתשוקות המופרזות – הרי שאנו נוטים לאהוב את דיבר העולם יותר מאשר את אלוהים.

מן הדיברה השנייה למדנו: שהמובן הרוחני לְסגידת-אלילים הינו לאהוב דבר מה יותר מאשר את אלוהים. אם כן: מהו ההבדל בין "סגידת-אלילים רוחנית" ל "ניאוף רוחני"?

סגידת-אלילים הינה: כשאנשים אינם יודעים את אלוהים ויוצרים צורה מסויימת לה הם סוגדים. המשמעות הרוחנית "לְסגידת-אלילים" הינה: כשמאמינים בעלי אמונה חלשה אוהבים את הדברים הגשמיים יותר מאשר את אלוהים.

לכמה מאמינים חדשים שעדיין יש בם אמונה חלשה: יכול להיות שהם יאהבו את העולם יותר מאשר את אלוהים – עלולות להיות להם שאלות כגון: "האם אלוהים קיים באמת?" מאחר ועדיין יש בם ספקות: קשה להם לחְיות לפי דבר אלוהים. הם עדיין אוהבים את: הכסף, התהילה, או את בני משפַחתם יותר מאשר את אלוהים – לכן הם מבצעים סגידת-אלילים רוחנית.

בכל אופן: ככל שיקשיבו יותר לְדבר אלוהים, יתפללו ויֶחְווּ את תשובות אלוהים לְתפילותיהם – הם יתחילו להבין שכתבי הקודש הינם האמת. רק אז יוכלו להַאֲמין שהשמיים והגיהינום קיימים באמת. לאחר מכן: יתחילו להבין את הסיבה שבעֶטייה עליהם לאהוב את אלוהים במקום הראשון וּבדרגה הראשונה. אם אמונתם תִגדל בצורה זו והם ימשיכו לאהוב ולרדוף אחר דיברי העולם – משמע שהינם מבצעים "ניאוף רוחני".

הבה נניח שלאדם מסויים הייתה מחֲשבה פשוטה: "נחֱמד יהא להתחתן עם

אישה זו" – והאישה ההיא נישאה במקרה לאחר. במקרה זה לא נוכל לאמר שהאישה ההיא נאפה. מאחר ואותו אדם הייתה לו מַחֲשבת התאהבות ולאישה לא היה כל קשר עימו: לא נוכל לאמר שביצעה ניאוף. בכדי לדייק יותר: אותה אישה הייתה רק אליל בְּליבו.

נהֲפוך הוא אם האיש והאישה: יצאו יַחְדיו, אישרו את אהבתם זה לזו, התחתנו ולאחר מכן היו לאישה יחסים בלתי מוסריים עם אדם אחר – זה נֶחֱשב לניאוף. כך נוכל לראות שסגידת – אלילים וניאוף רוחני ניראים אותו דבר – אך אֵילו שונים זה מזה.

הקשר בין בני ישראל לאלוהים.

כתבי הקודש משווים את הקשר בין בני ישראל לאלוהים לקשר בין אב לילדיו. קשר זה אף מושווה לקשר בין בעל לאישה. זאת מאחר והקשר שלהם הינו: כשל זוג שכרת ברית אהבה. אך אם ניסקור את היסטוריית ישראל נימצא: שפעמים רבות שכח עם ישראל ברית זו וסגד לאלילים.

הגויים סגדו לאלילים מאחר ולא הכירו את אלוהים – אך בני ישראל למרות העובדה שהכירו היטב את אלוהים מלכתחילה: סגדו לאלילים עקב רצונותיהם האָנוכיים.

לכן כתוב בדברי הימים א' פרק ה' 25: "*וַיִּמְעֲלוּ בֵּאלֹהֵי אֲבֹתֵיהֶם וַיִּזְנוּ אַחֲרֵי אֱלֹהֵי עַמֵּי-הָאָרֶץ אֲשֶׁר-הִשְׁמִיד אֱלֹהִים מִפְּנֵיהֶם*" – משמע: שסגידת האלילים של בני ישראל הייתה למעשה: ניאוף רוחני.
אנו קוראים בספר ירמיהו פרק ג' 8: "*וָאֵרֶא כִּי עַל-כָּל-אֹדוֹת אֲשֶׁר נִאֲפָה מְשֻׁבָה יִשְׂרָאֵל שִׁלַּחְתִּיהָ וָאֶתֵּן אֶת-סֵפֶר כְּרִיתֻתֶיהָ אֵלֶיהָ וְלֹא יָרְאָה בֹּגֵדָה יְהוּדָה אֲחוֹתָהּ וַתֵּלֶךְ וַתִּזֶן גַּם-הִיא*". כתוצאה מחטאו של שלמה המלך: התפצלה הממלכה בעת שלטון בנו רחֲבעם – לממלכת ישראל בצפון ולממלכת יהודה בדרום. זמן קצר לאחר

הפיצול ביצעה מלכות ישראל ניאוף רוחני בְּסגידת אלילים – וכתוצאה: הוכחשה ונהרסה בזעם אלוהים. ממלכת יהודה אף לאחר שראתה את אשר קרה לממלכת ישראל: במקום לשוב בְּתשובה המשיכה בְּסגידת האלילים.

כל ילדי אלוהים הֶחיים בעידן הברית החדשה הינם: כלות ישוע המשיח. לכן הודה שאול השליח שהיגיעה העת לפגוש את הָאֲדוֹן. שאול עמל קשות להכנת המאמינים לככלות טהורות למשיח – בעלן (האיגרת השנייה אל הקורינתים פרק י"א: 2).

לכן אם מאמין או מאמינה קוראים לַאֲדוֹן: "חתני" – בעת שהוא או היא ממשיכים לאהוב את העולם ולהֶיות הרחק מן האמת – משמע: שהם מבצעים ניאוף רוחני (איגרת יעקב פרק ד': 4). אם בעל או אישה בוגדים בבן/בת הזוג שלהם וּמבצעים ניאוף פיזי: זהו חטא נורא הקשה לְסליחה. אם מישהו בוגד באלוהים וּבָּאֲדוֹן וּמבצע ניאוף רוחני: על אחת כמה וכמה ייחָשב חטא זה לנורא יותר?

בספר ירמיהו פרק י"א 14 נוכל לראות את אלוהים אומר לירמיהו: לא להתפלל בעֲבור ישראל – מאחר ועם ישראל ביצע ניאוף רוחני. אלוהים אף ממשיך לאמר שאף אם בני ישראל יזעֲקו אליו: הוא לא יקשיב להם.

לכן אם עוצמת הניאוף הרוחני מגיעה לְנקודה מסוימת: ייבצר מן הָאדם המבצע אותה להקשיב לקול רוח הקודש – אין זה חשוב כמה חזק הוא יתפלל: תפילותיו לא תקבלנה מעֲנה. כשהָאדם מתרחק יותר מאלוהים: הוא הופך לחילוני יותר – וּבסופו של דבר: יבצע חטאים רציניים המובילים למוות – לדוגמא: ניאוף פיזי. ככתוב באיגרת אל העברים פרק ו' או בפרק י': זה כמו לתלות את ישוע המשיח פעם נוספת על העץ – לכן הם הולכים בדרך המוות.

לכן הבה נשליך את חטאי הניאוף: ברוח, במחֲשבה ו / או בגוף – וּבהתנהגות קדושה: נהאלכישורים לְבתולות הָאֲדוֹן – ללא דופי וּללא רבב – ונהֱיה חיים מבורכים המביאים אושר ללב אלוהים האב.

פרק ט

הדיברה השמינית:
"לֹא תִגְנֹב"

שמות פרק כ': 12

"לֹא תִּגְנֹב".

ציות לעשרת הדיברות משפיעה ישירות על ישועתינו ועל היכולת: לגבור, לכבוש ולשלוט על כוחות השטן האויב והמלשין. לְבני ישראל: הציות או אי-הציות לעשרת הדיברות קבעו אם הם העם הניבחר של אלוהים אם לאו.

באורח דומה: אנו שהפכנו לילדי אלוהים: אם אנו מצייתים או לא לְדבר אלוהים זה קובע אם ניוושע אם לאו. זאת מאחר וציותינו למצוות אלוהים יוצר קנה-מידה לאמונתינו. לכן ציות לעשרת הדיברות קשור לְישועתינו – והמצוות הללו אף הינן: אמצעי האהבה והברכות מאת אלוהים למעננו.

"לֹא תִגְנֹב".

ישנה אימרה קוריאנית קדומה האומרת: "גנב המחט הופך לגנב הפרה". משמע: אם מישהו המבצע פשע קטן הולך לדרכו מבלי להיענש וממשיך במעשה השלילי הזה – תוך זמן קצר הוא עלול לבצע פשע רציני ביותר עם תוצאות שליליות עצומות. לכן מזהירינו אלוהים: "מלֹא תִגְנֹב".

זהו תיאור לאיש ששמו פו פו-צ'י אשר כונה: "תזו-צ'יין" שהיה אחד מתלמידי קונפוציוס ומפקד טאן-פו במדינת לו – בתקופת הצ'ונקי (האביב והסתיו) הסיני ותקופת הלוחָמה בין המדינות. היו שם חדשות שחיילי מְדינת קי השכנה עומדים לתקוף – ופו פו – צ'י ציווה שחומות הממלכה תיסגרנה בצורה הָדוקה.
זו הייתה במקרה עונת הָקציר – והיבול בשדה החקלאי היה מוכן לקציר. שאלו האנשים: "בטרם סגירת החומות: האם נוכל לקצור את היבול בשדות בטרם הגעת האוייב". תוך התעלמות מבקשת העם: סגר פו פו-צ'י את החומות. העם החל להתרעם נגד פו פו-צ'י בטענה שהינו בעד האויבים – לכן זומן למלך לשם חקירה. כששאלו המלך לגבי מעשהו – ענה פו פו-צ'י: "כן – זה יהא אובדן גדול לנו אם האוייב ייקח את יבולנו – אך אם עמינו אימץ לעצמו בחיפזון את הרגל קצירת היבול משדות שאינם שייכים להם: יהא זה קשה לשבור הרגל זה אף לאחר עשר שנים". לאור הצהרה זו זכה פו פו-צ'י: להוקרה ולהערכה רבה

מטעם המלך.

היה לאל ידי פו פו-צ'י לתת לעם לקצור את היבול כפי שביקשו – אך אם הם לומדים להצדיק באופן מסויים את מעשה הגניבה משדהו של אחר: התוצאה הנשארת עלולה להזיק יותר לאנשים ולממלכתם בטווח הָארוך. לכן "גניבה" פירושה: לטפל במשהו בדרך שאינה נכונה בְּתנועה [מוטיבציה], או לקחת משהו שאינו שייך לאותו אדם, או בחֲמקנות לשלוט בְּרכושו של מישהו אחר.

אך ל "גניבה" שאלוהים מדבר עליה ישנה משמעות רוחנית עמוקה ורחבה. אם כן מה טמון במובן "גניבה": בדיברה השמינית?

לקחת את השייך לאחר זהו: מוּבָנָה הפיזי של הגניבה.

כתבי הקודש אוסרים בְּמפורש גניבה והם מתארים חוקים מסויימים לגבי מה לעשות כשמישהו גונב (שמות פרק כ"ב).

אם חיה גנובה נמצאה בין נכסיו של גנב – על הגנב לשלם לבעל החיה כפליים ממה שגנב. אם איש שגונב חיה – שוחט או מוכר אותה, עליו לשלם בחזרה פי חמש על שור ופי ארבע על כבש. לא חשוב כמה קטן הדבר: לקחת את השייך לאחרים זוהי גניבה. החברה מגדירה זאת כפשע שעליו מוטל עונש מסויים.
למעט המקרים הברורים של הגניבה: ישנם מקרים בם אנשים גונבים מרשלנות. לדוגמא: בחיי היומיום שלנו – אולי יש לנו מנהג כו אנו משתמשים בדברי אחרים מבלי לבקש או להשוב. אולי אף לא נחוש אשמה באותו שימוש ללא רשות – זאת מאחר ואנו קרובים לאותו אדם או שהפריט בו אנו משתמשים אינו כה יקר ערך.

היינו הך כשאנו משתמשים בדברי בן\ בת הזוג מבלי לקבל רשות. אף במקרה בלתי נמנע: אם אנו משתמשים בדברי אחר ללא רשות – ברגע שנסיים להשתמש

בו: עלינו להחזירו בְּמהרה. אך פעמים רבות אף איננו מחזירים אותו כלל.

אין זה גורם רק אובדן לאחר: זהו חוסר כבוד כלפי אותו אדם. אף אם אין זה נֶחשב כפשע רציני לפי חוקי החברה הרי זה נֶחשב לְגניבה בעייני אלוהים. אם לְפלוני יש לב נקי באמת והוא אינו לוקח מאחר משהו – ולו הֶקטון או חסר הערך ביותר – ללא רשות – הוא יחוש אשמה.

אף אם איננו גונבים או לוקחים משהו בכוח: אם אנו משיגים או לוקחים את השייך לאחרים בצורה שאינה הולמת – זה עדיין נֶחשב לְגניבה. אף להשתמש במעמד או בכוח של אחר בכדי לקבל שוחד – נופל במחֲלקה זו. ספר שמות פרק כ"ג 8 מזהיר: *"וְשֹׁחַד לֹא תִקָּח כִּי הַשֹּׁחַד יְעַוֵּר פִּקְחִים וִיסַלֵּף דִּבְרֵי צַדִּיקִים"*.

מוכרים בעלי לב טוב יחושו אשמה כשהם מבקשים מחירים מופרזים מן הלקוחות לסחיטת רווח רב יותר. למרות שלא גנבו את רכוש הָאחר: מעשה זה נֶחשב עדיין לְגניבה מאחר ולקחו יותר ממנת חלקם.

הגניבה הרוחנית: לקחת את השייך לאלוהים.

מלבד "הגניבה" בה לוקחים מאדם אחר ללא רשות: ישנה ה "גניבה רוחנית" בה לוקחים מאלוהים ללא רשות. זה עלול להשפיע על ישועת מישהו.

יהודה איש קריות – אחד מתלמידי ישוע: היה אחֲראי על הכספים שאנשים נתנו כשהתרפאו ו/או קיבלו מישוע ברכה. אך כעבור זמן מה: חדרה תאוות הבצע לליבו – והוא החל לגנוב (בשורת יוחנן פרק י"ב: 6).

בְּבשורת יוחנן פרק י"ב כשישוע ביקר בבית אלעזר שבבית עניה: אנו רואים אישה הבאה ושופכת בושם על ישוע. בראותו זאת נזף בה יהודה בשאלה: מדוע לא נמכר הבושם הזה והכסף ניתן לעניים. אם הבושם היקר היה נמכר – אזי הוא – כשומר הכסף: היה מתכבד מאותו כסף. אך מאחר ונישפך הבושם על רגלי

ישוע – חש יהודה שדבר יקר ערך בוזבז.

לבסוף יהודה אשר הפך עבד לכסף: מכר את ישוע תמורת שלושים שקלי כסף. למרות שהייתה לו הזדמנות לקבל את הכבוד להיקרא אחד מתלמידי ישוע: הוא גנב מאלוהים, מכר את מורהו וצבר את חטאיו. למרבה הצער: הוא לא היה מסוגל אף לקבל רוח חרטה בטרם נטל את חייו ופגש את סופו הֶעלוב (מיפעלות השליחים פרק א': 18).

לכן עלינו להתבונן מקרוב על מה קורה כשמישהו גונב מאלוהים.

המקרה הראשון הינו: כמישהו שם את ידו על כספת/ קופת הקהילה.

אף אם הֶגנב אינו מאמין: אם הוא גונב מהקהילה – לבטח יחוש פחד מסוים בליבו. אך אם יניח מאמין את ידו על כסף אלוהים: איכה יאמר שיש לו אמונה להיוושע?

אף אם הדבר לא יתגלה לעולם: אלוהים רואה הכול – ובבוא הזמן הוא יוציא לפועל את הדין והצדק שלו – והגנב יהא עליו לשלם את עונש החטא. אם הגנב אינו מסוגל להתחרט על חטאיו נָמת מבלי להיוושע – מה נורא יהא זה? באותו רגע לא חשוב כמה יכה על חטא ויתחרט על מעשיו –יהא זה מאוחר מדי. הוא לא היה צריך לגעת בכסף אלוהים מלכתחילה.

המקרה השני הינו: אם מישהו משתמש לרעה בנכסי הקהילה או מנצל לרעה את כספי הקהילה.

אף אם מישהו לא גנב ממש את התרומות: אם הוא משתמש בכסף הנאסף לתשלום לְקבוצות המסע של חברי הקהילה או תרומות אחרות לשימושם האישי – זה שווה לְגניבה מאלוהים. גניבה הינה אף אם מישהו קונה ציוד משרדי בכסף

השייך לקהילה ומשתמש בו לצרכיו האישיים.

לבזבז את ציוד הקהילה, לקחת מכספי הקהילה בכדי לקנות ציוד ולהשתמש בעודף למטרות אחרות במקום להחזירו לקהילה – או שימוש אישי: בטלפון, בחשמל, בציוד, ברהיטים, או בכל השייך לקהילה ללא שיקול – דעת אף אלה צורות לטיפול כושל בכספי הקהילה.

עלינו אף לוודא שהילדים לא יקפלו או יקרעו את: מעטפות התרומות, עלוני הקהילה או עיתון הקהילה רק לתענוג ומשחק. יש החושבים שזוהי עבירה חסרת חשיבות. אך ברמה הרוחנית – בצורה בסיסית זוהי גניבה מאלוהים – והמעשים הללו עלולים להפוך למחסום חטא בינינו לבין אלוהים.

מקרה הגניבה השלישי הינו: גניבת המעֲשר והתרומות.

בספר מלאכי פרק ג' 8 – 9 נאמר: "*הֲיִקְבַּע אָדָם אֱלֹהִים כִּי אַתֶּם קֹבְעִים אֹתִי וַאֲמַרְתֶּם בַּמֶּה קְבַעֲנוּךָ הַמַּעֲשֵׂר וְהַתְּרוּמָה: בַּמְּאֵרָה אַתֶּם נֵאָרִים וְאֹתִי אַתֶּם קֹבְעִים הַגּוֹי כֻּלּוֹ!*"

המעֲשר הינו: לתת לאלוהים עשירית מהרווח שלנו – כהוכחה לכך שאנו מבינים שהוא הינו הָאָדוֹן על כל הדברים הגשמיים ושהוא מפקח על כל חייו. אין זה אומר שאלוהים יקלל אותנו. משמעות הדבר שכאשר השטן יאֲשימנו במעשה העוולה הזה: ייבצר מאלוהים להגן עלינו –מאחר ולאמיתו של דבר: אנו שוברים את החוק הרוחני של אלוהים. לכן אנו עלולים לחוות: בעיות כספיות, פיתויים, אסונות או מחָלות פתאומיות.

אך כתוב בספר מלאכי פרק ג' 10: "*הָבִיאוּ אֶת-כָּל-הַמַּעֲשֵׂר אֶל-בֵּית הָאוֹצָר וִיהִי טֶרֶף בְּבֵיתִי וּבְחָנוּנִי נָא בָּזֹאת אָמַר יְהוָה צְבָאוֹת אִם-לֹא אֶפְתַּח לָכֶם אֵת אֲרֻבּוֹת הַשָּׁמַיִם וַהֲרִיקֹתִי לָכֶם בְּרָכָה עַד-בְּלִי-דָי*". כשניתן מעֶשר הולם: נוכל לקבל את הברכות וההגנה המובטחות מאלוהים.

ישנם אף אנשים שאינם מקבלים את הגנת אלוהים מאחר ואינם נותנים את המַעֲשר המלא. מבלי לקחת בחשבון מקורות רווח אחרים: אנשים מְחַשבים את המַעֲשר לפי שכר הנטו שלהם – במקום משכר הברוטו – וזאת לאחר שהם מנקים את כל הניכויים והמיסים.

אך על המַעֲשר ההולם הניתן לאלוהים להיות עשירית מהכנסתנו השלמה. הכנסה מעסק צדדי, מתנות כספיות, הזמנות לארוחת ערב, או מתנות – כולן רווח אישי. לכן עלינו לְחַשב עשירית מערך כל סוגי הרווח הללו ולתת מַעֲשר הולם אף על אלה.

בכמה מקרים מְחַשבים אנשים את המַעֲשר שלהם אך תורמים אותו לאלוהים בצורה שונה: כְּתרומות למסעות, או תרומות לרצון-טוב. אך אף זה נֶחְשב לְגניבה מאלוהים – מאחר ואין זה מַעֲשר הולם. שימוש הקהילה בתרומות שייך לְמַחֲלקת הכספים של הקהילה – אך לְדִידֵנו – עלינו לתת מַעֲשר הולם תחת כותרת התרומה הנכונה.

נוכל אף לתת תרומות אחרות כְּתרומת הודיה. לילדי אלוהים יש הרבה על מה להודות. עם מתת הישועה נוכל ללכת לשמיים. בְּמחוייבויות שונות בקהילה נוכל לקצור פרסים בשמיים – וכל עוד נִחְיֶיה בעולם הזה: נקבל את הגנת אלוהים ואת בִּרכותיו בכל עת. לכן עלינו להיות אסירי תודה!

לכן בכל ראשון בשבת אנו באים בפני אלוהים בְּתרומות הודיה שונות וּמודים לאלוהים על ששמר עלינו עוד שבוע – וּבַּחֲגיגות או באירועים קדושים כשיש לנו סיבה מיוחדת להודות לאלוהים – ניתרום תרומה מיוחדת לאלוהים.

בקשרינו עם אנשים אחרים: כשמישהו עוזר לנו או משרת אותנו בדרך מיוחדת – לא רק שנחוש הודייה בליבנו – אלא נרצה לתת לו משהו בחזרה. באותה דרך: זה דבר טבעי שנרצה לתרום משהו לאלוהים בכדי להביע את הַעֲרכתנו על שהושיענו והכין לנו את השמיים (בשורת מתיתייהו פרק ו': 21).

אם מישהו אומר שיש בו אמונה ועדיין קמצן במתן לאלוהים משמע: שעדיין יש

בו תאוות בצע לדברים הגשמיים – זה מראה שהוא אוהב את הדברים הגשמיים יותר מאשר את אלוהים. לכן בשורת מתיתייהו פרק ו' 24 אומרת: "*אֵין אִישׁ יָכוֹל לַעֲבֹד שְׁנֵי אֲדוֹנִים, שֶׁכֵּן אוֹ יִשְׂנָא אֶחָד וְיֹאהַב אֶת הַשֵּׁנִי, אוֹ יִהְיֶה מָסוּר לְאֶחָד וִיזַלְזֵל בַּשֵּׁנִי. אֵינְכֶם יְכוֹלִים לַעֲבֹד אֶת הָאֱלֹהִים וְאֶת הַמָּמוֹן*".

אם אנו משיחיים בוגרים ועדיין אוהבים דברים גשמיים יותר מאשר את אלוהים – יהא קל מאוד להידרדר באמונתינו במקום להתקדם קדימה. החסד שקיבלנו פעם הפך לזיכרון עבר מזמן. הסיבות להיות אסירי תודה הולכות ומצטמקות – ולפני שאנו מבינים זאת אמונתינו מצטמקת לְנקודה בה ישועתינו נמצאת בסיכון.

אלוהים מרוצה מאֲרוּמַת תרומות ההודייה והאמונה האמיתיות. לכל אחד מידת אמונה שונה – אלוהים יודע את מצב כל אחד וַאַחת – ורואה את מעמקי לב הָאדם. לכן לא מידת וגודל התרומה חשובים לו. זיכרו נא שישוע שיבח את האלמנה שתרמה את שתי פרוטותיה האחרונות למחֲייתה (בשורת לוקס פרק כ"א: 2 – 4).

כשאנו משביעים כך את לב אלוהים: יברכינו אלוהים בְּברכות וּבסיבות כה רבות בכדי שנהא אֲסירי תודה מכך שהתרומות שאנו נותנים אינן משתוות לברכות שאנו מקבלים ממנו. אלוהים מוודא שנפשינו משגשגת – וּמברכינו בכדי שחיינו יגלשו ונהא אסירי תודה יותר. אלוהים מברכינו פי שלושים, פי ששים וּפי מאה מהתרומות שאנו תורמים לו.

לאחר שקיבלתי את המשיח: ברגע שלמדתי כי עלי לתת מַעֲשר הולם וּתרומות לאלוהים – צייתי [צייתתי בְּלשון הדיבור] בו במקום. חוב רב הצטבר בתקופת שבע שנות מחלתי: אך מאחר והייתי אסיר תודה על כך שאלוהים ריפאני מכל מחֲלותיי – תרמתי לו ככל שהיה באפשרותי. על אף שאני ואישתי עבדנו: בקושי שילמנו את ריבית החוב שלנו. בכל זאת: מעולם לא הלכנו להשתחוות בידיים ריקות.

כשהאמנו באלוהים הכל-יכול וצייתנו לְדברו: עזר לנו אלוהים לשלם את החוב

המופרז תוך מספר חודשים – ובבוא העת: היה לאל ידינו לחֲוות את הברכות השופעות והאינסופיות של אלוהים בכדי שנוכל לחֲיות בשפע.

המקרה הרביעי הינו: גניבת דִברי אלוהים.

גניבת דִברי אלוהים פירושה: לנבא נבואות כוזבות בשם אלוהים (ירמיהו פרק כ"ג: 30 – 32). לדוגמא: ישנם אנשים הגונבים את דברי אלוהים ואומרים שהם שומעים את קולו וּמדברים על ה!עתיד כמגידי עֲתידות או אומרים לאדם הממשיך להיכשל בעסק שלו: "אלוהים גרם לך להיכשל מאחר והיה עליך להיות רועה קהילה – במקום לנהל עסק".

גניבת דִברי אלוהים הינה אף כשיש למישהו חלום או חזון המופק ממחֲשבותיו האישיות והוא אומר: "אלוהים נתן לי חלום ה זה" או "אלוהים נתן לי חזון זה". אף זה נופל במחֲלקת השימוש לרעה בשם אלוהים.

כמובן שהבנת רצון אלוהים דרך עבודת רוח הקודש והכרזת רצון אלוהים הינן דבר טוב – אך בכדי לעשות זאת בצורה נכונה שומה עלינו לבדוק אם אנו מקובלים בעייני אלוהים. זאת מאחר ואלוהים לא ידבר סתם כך אל כל אחד. אלוהים יכול לדבר רק אל אלו שאין בליבם רוע. לכן עלינו לוודא שאיננו גונבים ולוּ בצורה הקטנה ביותר: את דברי אלוהים כשאנו שקועים במחֲשבותינו.

מלבד זאת אם אנו חשים: ייסורי מצפון, בושה, או מבוכה כשאנו לוקחים או עושים משהו – זהו אות לכך שעלינו להעֲריך עצמנו מחדש. הסיבה שבעֲטייה אנו חשים ייסורי מצפון הינה מאחר וכניראה נוטלים אנו דבר שאינו שייך לנו מהמניעים האישיים האֱנוכיים שלנו – ורוח הקודש אשר בתוכנו מִתאֲבלת.

לדוגמא – אף אם איננו גונבים דבר מסויים: אם אנו מקבלים שכר לאחר שעבדנו בעֲצלות או שקיבלנו על עצמינו חובה או משימה בקהילה אך איננו מבצעים את המוטל עלינו – בהנחה שיש לנו לב טוב – נחוש בִּנקיפות מצפון.

כמו כן: אם אדם המוקדש לאלוהים מבזבז את הזמן המוקצה לאלוהים וגורם לאובדן זמן במלכות אלוהים – הוא גונב זמן. לא רק עם אלוהים אלא אף בעבודה או במסגרות שאינן רישמיות: עלינו לוודא שאנו דייקנים בכדי שלא נגרום אובדן לאחרים בכך שביזבזנו את זמנם.

לכן עלינו להעריך את עצמנו תמיד בכדי לוודא שאיננו מבצעים את חטא הגניבה בכל דרך שהיא – ולהשליך ממחֲשבותינו ומליבנו את האֲנוכיות ותאוות הבצע – ובמצפון נקי נישאף להשיג לב כן נַאֲמיתי בעייני אלוהים.

פרק י

הדיברה התשיעית:
"לֹא-תַעֲנֶה בְרֵעֲךָ עֵד שָׁקֶר"

שמות פרק כ': 12

"לֹא-תַעֲנֶה בְרֵעֲךָ עֵד שָׁקֶר".

היה זה בלילה בו ניתפס ישוע. כשכיפא ישב בְּחצר בעת חקירת ישוע – משרתת אמרה לכיפא: *"אף אתה היית עם ישוע הגלילי"*. כיפא המופתע השיב: "אינני יודע על מה את מדברת" (בשורת מתיתייהו פרק כ"ו).

כיפא לא התכחש לְישוע באמת – הוא שיקר מחמת התפרצות פחד פנימית פתאומית. לאחר תקרית זו: יצא כיפא החוצה והלם את ראשו באדמה – בְּבכי מר – וכשישוע נשא את העץ בדרך לגולגותא – היה לאל ידי כיפא לעקוב אחריו ממרחק – מתוך בושה וּמחוסר יכולת להרים את ראשו.

למרות שכל זה קרה בטרם קיבל כיפא את רוח הקודש – מחמת השקר שלו – הוא לא העז להיתלות כישוע בעמידה – מאחר ואף לאחר קבלת את רוח הקודש והקדשת חייו לשירות הָאָדוֹן – הוא היה מלא בושה שהתכחש לְישוע – וּלבסוף התנדב להיתלות בְּמהופך.

"לֹא-תַעֲנֶה בְרֵעֲךָ עֵד שָׁקֶר".

מהמילים שאנשים אומרים בחיי היומיום: ישנן מילים חשובות ביותר – כשמילים אחרות הן חסרות חשיבות. ישנן מילים חסרות משמעות, מילים רעות, פוגעות או מרמות אחרים.

השקרים הינם: מילים רעות החורגות מן האמת. על אף שאינם מודים בזאת: אנשים רבים מספרים שקרים דולים או קטנים לאין ספור יום יום. ישנם אנשים האומרים בגאווה: "אינני משקר/ת" – אך בטרם יֵדעו זאת: הם עומדים ללא יודעין על פסגת הר של שקרים.

אבק, לכלוך ואי-סדר יכולים להישאר מוסתרים בחושך. אך אם אור זוהר יבהֵק בחדר – אף חלקיק עפר או כתם יבלוט. באורח דומה – אלוהים – שהינו האמת עצמה: הינוכמו האור – והוא רואה רבים המספרים שקרים כל הזמן.

לכן בדיברה התשיעית מורה לנו אלוהים: לא להעיד עדות שקר נגד קרובינו.

כאן המונח "רֵעֲךָ" – מסמל: הורים, אחים, ילדים וכל מי שאינו הֶעצמי. הבה נבדוק כיצד מגדיר אלוהים: "עדות שקר" – בִּשלושה חלקים.

א. "מתן עדות שקר" משמע: לדבר על אחרים בדרך שקרית.

נוכל לראות כמה נורא לתת עדות שקר. לדוגמא: כשאנו צופים במשפט בבית הדין – מאחר ועדות העד משפיעה ישירות על פסק הדין הסופי – אף המְחֻמאה המזערית ביותר עלולה לגרום לצער רב לאדם חף-מפשע – והמצב עלול להפוך למקרה של חיים וּמוות בעבורו.

בכדי למנוע שימוש לרעה בדוכן העדים או הפגנת רשלנות בעדויות כוזבות – ציווה אלוהים שעל השופטים להקשיב לעדים רבים בכדי להבין נכונה את כל היבטי המקרה וּבכדי שפסק הדין יהא נבון וזהיר. לכן ציווה אלוהים על נותני העדויות וּפוסקי הדין לעשות זאת בְּתבונה וּבְזהירות.

בספר דברים פרק י"ט 15 אומר אלוהים: *"לֹא-יָקוּם עֵד אֶחָד בְּאִישׁ לְכָל-עָוֹן וּלְכָל-חַטָּאת בְּכָל-חֵטְא אֲשֶׁר יֶחֱטָא עַל-פִּי שְׁנֵי עֵדִים אוֹ עַל-פִּי שְׁלֹשָׁה-עֵדִים יָקוּם דָּבָר"* – וּממשיך לאמר בפסוקים 16 – 20: *"וְהִנֵּה עֵד-שֶׁקֶר הָעֵד שֶׁקֶר עָנָה בְאָחִיו"*. אם כן: עליו לקבל את העונש שהוא התכוון להטיל על אחיו.

מלבד מקרים רציניים כמקרה זה בו מישהו גורם אובדן לאיש אחר: ישנם מקרים רבים בם אנשים משקרים בחיי היום יום שקרים קטנים פה וָשם לגבי הקרובים להם. אף אם מישהו אינו משקר לגבי קרוביו: אם אינו חושף את האמת במקום וּבזמן שעליו לאמר את האמת בכדי להגן על קרוביו – אף זה יכול להיחָשב כמתן עדות שקר.

אם אדם אחר היה מקבל את האשמה על דבר שביצענו – וַאנו איננו אומרים מאוּמה מתוך פחד שנכניס את עצמנו לְבעיה – איכה יהא מצפונינו שקט? כן: אלוהים מצווה עלינו לא לשקר – אך הוא אף מצווה עלינו שליבנו יהא ישר

ושמילותינו והתנהגותינו תשקפנה יושר וכנות.

אם כן מה חושב אלוהים על: "השקרים הלבנים הקטנים" שאנו אומרים בכדי לנחם מישהו או לגרום למישהו לחוש בטוב?

לדוגמא: אנו מבקרים אצל חבר השואל אותנו: "האם אכלתם?" אף אם לא אכלנו עדיין – בכדי לא להפריע לו אנו עונים: "כן". אך במקרה זה עדיין עלינו לאמר את האמת: "לא – אך איננו רוצים לאכול כרגע".

בכתבי הקודש ישנן דוגמאות על "השקרים הלבנים הקטנים".

בספר שמות פרק א' ישנו קטע בו מלך מצריים היה בלחץ מאחר ובני ישראל התרבו במספרץ לכן ציווה על המיילדות העבריות: *"בְּיַלֶּדְכֶן אֶת-הָעִבְרִיּוֹת וּרְאִיתֶן עַל-הָאָבְנָיִם אִם-בֵּן הוּא וַהֲמִתֶּן אֹתוֹ וְאִם-בַּת הִוא וָחָיָה"* (פסוק 16).

אך המיילדות העבריות יראות האלוהים: לא הקשיבו למלך מצריים ושמרו את הזכרים העבריים בחיים. כשחקר המלך את המיילדות הוא שאל: "מדוע עשיתן כדבר הזה – ונתתן לבנים לחיות?" הן ענו: "הנשים העבריות אינן כנשים המצריות – הן חסונות ויולדות לפני שהמיילדות מגיעות אליהן".
כמו כן: כשמלכה הראשון של ישראל – שאול המלך: החל לקנא בדוד וניסה להורגו מאחר ודוד היה אהוב יותר ממנו בעייני העם – הוֹנָהוּ יהונתן בנו בכדי להציל את חיי דוד.

במקרה זה: כשאנשים משקרים לטובת אדם אחר מרצון טוב – ולא לשם מניע אישי אָנוכי – לא יְעַנישם אלוהים באופן אוטומטי אלא יאמר: "שיקרת". בדיוק כשם שעשה עם המיילדות – הוא יראה להם את חסדו. מאחר וניסו להציל חיים מתוך כוונה טובה. אך כשאנשים מגיעים לרמת טוב מוחָלט – יהא לאל ידיהם לגעת ללב היריב או האיש שבו הם מטפלים מבלי צורך לאמר איזשהו: "שקר קטן לבן".

ב. הוספת או השמטת מילים בהעברת מסר הינה סוג אחר של: מתן עדות שקר.

זהו המקרה בו הינכם מעבירים מסר לגבי מישהו בדרך המְעֻוותת את האמת – אולי מאחר והוספתם את מַחֲשבותיכם או רגשותיכם האישיים, או הישמטתם מילים מסויימות. כשמישהו אומר משהו: רוב האנשים מקשיבים באוזניים סובייקטיביות [ע"פי יחס אישי] – לכן האופן בו הם מבחינים במידע מסתמך רבות על רגשותיהם האישים ועל ניסיון הֶעבר. לכן כשמידע מסויים מועבר מאדם אחד למִשְׁהֶוּ – המסר המקורי לו התכוון הדובר יכול ללכת בקלות לאיבוד.

אך אף אם כל מילה, פיסוק או הכל – מועברים בדייקנות: על סמך הדגשת המוסר בהקשר למילים מסויימות – המסר ישתנה ללא כל ספק. לדוגמא: קיים הבדל גדול בין אדם השואל את ידידו באהבה: "מדוע?" – למישהו שבהבעה אכזרית על פניו צועק לעבר אויבו: "מדוע?!"

זוהי הסיבה שבעֶטייה בכל פעם בה אנו מקשיבים לאחר: עלינו לנסות להבין מה הוא אומר מבלי לקשור רגשות אישיים למסר שלו. הכלל מיושם כשאנו מדברים עם אחרים. עלינו לנסות ככל יכולתנו להעביר בּמדוייק את מסרו העיקרי של הדובר, את כוונתו וכו'.

כמו כן: אם תוכן המסר הינו שקר או שאינו בהכרח עוזר למאָזין – אף אם לאל ידינו להעביר את המסר בדייקנות: יהא עדיף אם לא נעביר את המסר כלל. זאת מאחר ועל אף שאנו מעבירים אותו מרצון טוב: הצד המקבל עלול להיפגע או להיעָלב – ואם זה קורה: יכול העניין עלול להסתיים בכך שנעורר חוסר הסכמה בין האנשים.

בשורת מתיתייהו פרק י"ב 36 – 37 אומרת: *"וַאֲנִי אוֹמֵר לָכֶם, כָּל מִלָּה בְּטֵלָה*

שֶׁיְּדַבְּרוּ בְּנֵי אָדָם יִתְּנוּ עָלֶיהָ דִּין וְחֶשְׁבּוֹן בְּיוֹם הַדִּין. מִדְּבָרֶיךָ תִּצָּדֵק וּמִדְּבָרֶיךָ תְּחֻיַּב".
לכן עלינו להימנע מלאמר מילים שאינן מן האמת או שאינן מאהבת הָאָדוֹן. זה חל אף על הדרך בה עלינו להאֲזין למילים.

ג. לשפוט ולמתוח ביקורת על האחרים מבלי להבין את ליבם באמת אף זו צורה של מתן עדות שקר נגד הקרוב אלינו.

לעיתים קרובות: דנים אנשים את לב או כוונות הָאחר ממבט על הבעותיו או התנהגותו תוך כדי שימוש במַחשבותיהם או ברגשותיהם האישיים כמדריך להם. הם עלולים לאמר: "איש זה דיבר מתוך מַחשבה זו", או שהם עלולים לאמר: "לבטח כוונותיו היו כך בכדי שהוא יתנהג בצורה זו".

נניח שיש בחור צעיר שלא התנהג בִּידידיות כלפי המנהל שלו מאחר והיה עצבני לגבי סביבתו הֶחדשה. המנהל עלול לחשוב: "הבחור הֶחדש ניראה שלא נוח לו איתי. יכול להיות כי מתחתי עליו ביקורת שלילית באותו יום". זוהי תפיסה מוטעֵית של המנהל המבוססת על דעתו האישית. במקרה אחר: מישהו שראייתו חלשה או השרוי במַחשבות עמוקות הולך ליד חברו ואינו מודע לכך שֶחבר שם. הֶחבר עלול לחֲשוב: "הוא מתנהג כאילו אינו מכירֵני! אני תוהה אם הוא כועס עליי".

מישהו אחר באותו מצב היה עלול להגיב בדרך אחרת. לכל אחד מַחשבות ורגשות שונים – לכן כל אדם מגיב למצבים מסויימים בצורה אחרת. לכן רק אם כולם עוברים אותם קשיים: לכל פרט תהא רמת כוח שונה להתגבר עֲליהם. לכן כשאנו רואים מישהו כואב: אל לנו לשפוט אותו לפי תקן הסובלנות שלנו לְכאב ואל לנו לחֲשוב: "מדוע הוא מעורר מהומה רבה מְמאומה?" לא קל להבין לחֲלוטין את לב הֶאחר – אף אם אוהבים אנו אותו ושיש לנו קשר קרוב אליו.

כמו כן: ישנן דרכים אחרות רבות בן מְעריכים אנשים לא נכונה, או הטועים

בהבנת הָאחר, מתאכזבים ממנו – ולבסוף מגנים אותו... הכל מאחר ודנו את הָאחרים לפי התקן האישי שלהם. אם על בסיס התקנים שלנו אנו דנים אחר במחֲשבה שיש לו כוונה מסויימת בלב – למרות שאין לו באמת – ואז לדבר עליו בשלילה: אנו מעידים עליו עדות שקר. אם ניטול חלק במעשה כזה בהקשבה לשקר זה ונתרום לדין ולגינוי אדם מסויים – הרי שפעם נוספת: אנו מבצעים את חטא מתן עדות השקר נגד קרובינו.

רוב האנשים חושבים שאם הגיבו למצב מסויים בצורה רעה: האחרים באותו מצב יעשו את אותו הדבר. מאחר וקיים בליבם שקר – הם חושבים שאף לאחרים יש לב רמאי. אם הם רואים מצב מסויים או מראה מסויים וחושבים מחֲשבות רעות – הם חושבים: "אני בטוח שאף לאותו איש יש מחֲשבות רעות" – ומאחר והם עצמם מסתכלים בהתנשאות על אחרים – הם חושבים: "אותו איש מסתכל עלי בהתנשאות – הוא יהיר".

לכן נאמר באיגרת יעקב פרק ד' 11: *"אַחַי, אַל תְּדַבְּרוּ רָעוֹת אִישׁ בְּרֵעֵהוּ. הַמְדַבֵּר רָעָה בְּאָחִיו וְדָן אֶת אָחִיו: מְדַבֵּר רָעָה בַּתּוֹרָה וְדָן אֶת הַתּוֹרָה – וְאִם תָּדִין אֶת הַתּוֹרָה: אֵינְךָ מְקַיֵּם הַתּוֹרָה כִּי אִם שׁוֹפֵט"*. אם מישהו דן או מגנה ידיד או אח משמע: שהוא גאה – ולבסוף ירצה להיות: כאלוהים הדיין.

חשוב לדעת שאם אנו מדברים על חולשות האחרים ומגנים אותם: אנו מבצעים חטא רע הרבה יותר. איגרת מתיתיהו פרק ז' 1 – 5 אומרת: *"אַל תִּשְׁפְּטוּ לְמַעַן לֹא תִּשָּׁפְטוּ, כִּי בַּמִּשְׁפָּט אֲשֶׁר אַתֶּם שׁוֹפְטִים תִּשָּׁפְטוּ וּבַמִּדָּה אֲשֶׁר אַתֶּם מוֹדְדִים יִמַּדֵּד לָכֶם. מַדּוּעַ אַתָּה רוֹאֶה אֶת הַקֵּיסָם אֲשֶׁר בְּעֵין אָחִיךָ וְאֵינְךָ שָׂם לֵב לַקּוֹרָה אֲשֶׁר בְּעֵינְךָ? אֵיךְ תֹּאמַר לְאָחִיךָ: 'הַנַּח לִי לְהוֹצִיא אֶת הַקֵּיסָם מֵעֵינְךָ', וְהִנֵּה הַקּוֹרָה בְּעֵינְךָ? צָבוּעַ! הוֹצֵא תְּחִלָּה אֶת הַקּוֹרָה מֵעֵינְךָ; אַחֲרֵי כֵן תִּרְאֶה הֵיטֵב וְתוּכַל לְהוֹצִיא אֶת הַקֵּיסָם מֵעֵינוֹ שֶׁל אָחִיךָ"*.

דבר נוסף שעלינו לשים לב אליו הינו: גינוי דברי אלוהים על בסיס המחֲשבה האישית שלנו. מה שבלתי אפשרי לבני האדם הינו קל לאלוהים – לכן כשזה מגיע לדברי אלוהים אל לנו לאמר: "אין זה נכון".

לשקר ע"י הגזמה או להביע את האמת בלשון מאופקת.

ללא כל כוונה רעה נוטים אנשים להגזים או להיות מאופקים בַּאֲמירת האמת בחיי היומיום. לדוגמא: אם מישהו אכל הרבה – אנו עלולים לאמר: "הוא אכל את הכל". כשמעט אוכל נשאר – אנו עלולים לאמר: "לא נשאר ולו פרור אחד!" לִפרקים אף לאחר שאנו רואים שלושה או ארבעה אנשים המסכימים ביניהם – אנו אומרים: "כולם הסכימו לכך".

בדרך זו מה שרבים אינם מחֲשיבים כשקר: הינו למעשה שקר. ישנם אף מקרים שבם איננו מכירים את כל העובדות – וכתוצאה: אנו מספרים שקר.

לדוגמא: נניח שמישהו שואל אותנו כמה עובדים יש בחברה מסויימת וַאֲנו עונים: "מספר העובדים בחברה הוא כזה..." – ולאחר מכן אנו סופרים ומבינים שהמספר הממשי שונה. על אף שלא שיקרנו בכוונת תחילה – מה שאמרנו עֲדיין הינו שקר – מאחר והינו שונה מן האמת. לכן במקרה זה: הדרך טובה ביותר לענות על שאלה זו תהא: "אינני יודע/ת את המספר המדוייק – אך אני חושב/ת שזהו המספר".

כמובן שבמקרים אלה לא ניסינו: לשקר בכוונת תחילה ממניעים רעים, או לשפוט אחרים בִּלבבות רעים – אך אם אנו רואים ולו רמז קל ביותר לסוגי המחֲשבה והמעשים הללו: יהא זה רעיון טוב להגיע לשורש הבעייה. אדם שליבו מלא באמת לא יוסיף ולא יחֲסיר מן מן האמת – ולא חשוב כמה קטן העניין.

איש ישר יכול לקבל את האמת כאמת – ולהעבירה כאמת. אף אם דבר מזְעָרי וַחֲסר משמעות: אם אנו רואים את עצמנו מדברים עליו ולו ברמז הֶחלש ביותר לשקר – עלינו לדעת שזה מעיד על כך שליבנו עדיין אינו מלא לחֲלוטין בָּאמת – משמע: שכאשר שאנו נמצאים במצב המסכן חיים – יש בכוחינו להזיק לאדם אחר כשאנו משקרים לגביו.

ככתוב באיגרת הראשונה לכיפא פרק ד' 11: *"אִישׁ כִּי יְדַבֵּר, אִמְרֵי אֱלֹהִים*

יְדַבֵּר" – עלינו לנסות לא לשקר או להתבדח בשימוש במילים שקריות. אין זה חשוב מה נאמר: עלינו לאמר תמיד את האמת – כאילו אמרנו את דברי אלוהים עצמו. נוכל לעשות זאת על ידי תפילות לוהטות וקבלת הדרכת רוח הקודש.

פרק י"א

הדיברה העשירית:
"לֹא תַחְמֹד בֵּית רֵעֶךָ"

שמות פרק כ': 13

"לֹא תַחְמֹד בֵּית רֵעֶךָ, לֹא-תַחְמֹד אֵשֶׁת רֵעֶךָ וְעַבְדּוֹ וַאֲמָתוֹ וְשׁוֹרוֹ וַחֲמֹרוֹ וְכֹל אֲשֶׁר לְרֵעֶךָ".

האם אתם מכירים את: סיפור האווזה המטילה ביצי זהב – אחד מסיפורי המעשייה של אֵיסוֹפּוּס? בִּכפר קטן חי לו חֻקלאי אשר רכש אווזה משונה.

כשחשב מה לעשות לגבי האווזה – אירע דבר מזעזע. האווזה החלה להטיל ביצת זהב לכל בוקר. יום אחד חשב החַקלאי: "לבטח ישנן ביצים רבות בתוך האווזה". לפתע הפך החקלאי לאֲנוכי: במקום לחכות כל יום בכדי לקבל ביצת זהב אחת – הוא רצה את כל הזהב בפעם אחת בכדי להתעֲשר בְּמהרה.

כשתאוותו התעֲצמה – הוא חתך את האווזה – ולא מצא בה שמץ של זהב. באותו רגע הבין החקלאי: שהוא טעה והתחרט על מַעֲשיו – אך זה היה כבר מאוחר מדי.

כאן רואים: שאין גבולות לתאוות הֶאדם. אין זה חשוב כמה נהרות זורמים לאוקיינוס – האוקיינוס אינו יכול להתמלא מעַצמו. כך הינה תאוות בני – הֶאדם: אין זה חשוב כמה יש לו לאדם – עדיין אין בו שביעת-רצון מוחֶלטת. אנו רואים זאת כל יום. כשתאוותו של פלוני מתעצמת: לא רק שהוא חש אי שביעות רצון במה שיש לו – אלא שהוא אף הופך לחמדן וּמנסה להשיג את השייך לאחרים – אף אם המשמעות הינה: להשתמש באמצעים שאינם נכונים – וּבסופו של דבר הוא מבצע חטא רציני ביותר.

"לֹא תַחְמֹד בֵּית רֵעֶךָ".

"*לַחְמוד*" משהו משמע: לרצות משהו שאינו שייך לי ואז לנסות להשיג את השייך לאחרים בְּדרכים שאינן הולמות; או להיות בעלי לב המשתוקק לכל הדברים הגשמיים.

רוב הפשעים מתחילים בלב חמדן. חמדנות יכולה לגרום לאנשים: לשקר, לגנוב, לשדוד, לרמות, למעול, לרצוח וּלבצע פשעים שונים. ישנם אף מקרים בם אנשים אינם חומדים דברים גשמיים – אלא מעמד וּתהילה.

מחמת לבבות חמדניים אלה – לְפרקים: קשרי הָאחים, קשרי הורים – ילדים

ואף קשרי בעל – ואישה הופכים לעויינים. ישנן משפחות ההופכות לעויינות ובמקום לחְיות חיים מאושרים באמת – הם מתחילים לקנא במי שיש לו יותר מהם.

לכן דרך הדיברה העשירית מזהירֵנו אלוהים נגד החמדנות – היולדת חטא. כמו כן: רוצה אלוהים שנתמקד בדברים אשר מֵעָלה (האיגרת אל הקולוסים פרק ג': 2). רק כשנבקש חיי נצח ונמלא את לבבותינו בתקווה לשמיים – נוכל למצוא סיפוק ואושר אמיתיים – ונוכל לגרש את החמדנות. בשורת לוקס פרק י"ב 15 אומרת: *"שִׂימוּ לֵב וְהִזָּהֲרוּ מִכָּל חַמְדָנוּת, כִּי חַיֵּי הָאָדָם אֵינָם תְּלוּיִים בְּשֶׁפַע נְכָסָיו"* כשם שאמר ישוע: רק כשאנו משליכים את כל החמדנות נוכל להתרחק מביצוע חטאים ונקבל חיי נצח.

התהליך בו החמדנות הופכת לחטא.

אם כן כיצד הופכת החֶמדנות לחטא? הבה נניח שביקרתם בביית אדם עשיר מאוד. הבית עשוי משיש והוא ענק. הבית מלא בְּדברים מפוארים. זה מספיק בכדי לגרום למישהו לאמר: "הבית הזה מדהים – הוא בהחלט יפיפה!"

אך אנשים רבים אינם נעצרים לאחר העירם הערה מעיין זו. הם ממשיכים לחְשוב: "הלוואי שהיה לי בית כזה. הלוואי שהייתי עשיר כמו אדם זה...". מאמינים אמיתיים לא ירשו למחְשבה זו להתפתח למחְשֶבת גניבה. אך דרך מחְשבה כזו: "הלוואי שהייתי יכול להשיג את זה" – יכולה תאוות הבצע להיכנס לליבם.

אם תאוות – הבצע נכנסת ללב – יהא זה רק עניין של זמן עד שאותו/ה אחד/ת יחֶטאו. נאמר באיגרת יעקב פרק א' 15: *"אַחֲרֵי כֵן תַּהֲרֶה הַתַּאֲוָה וְתֵלֵד חֵטְא; וְהַחֵטְא כְּשֶׁיִּשְׁלַם יוֹלִיד מָוֶת"*. ישנם מאמינים המוכרעים על ידי החשק או תאוות-הבצע הללו – ולבסוף חוטאים.

בספר יהושוע פרק ז' אנו קוראים על עָכן: אשר הוכנע על ידי תאוות-בצע זו ועונשו היה מוות. יהושע – כמנהיג במקום משה: היה בתהליך כיבוש ארץ כנען. בני ישראל אך זה הטילו מצור על יריחו. יהושע הזהיר את עמו שעל כל מה שיוצא מיריחו להיות מוקדש לאלוהים – לכן עליהם להימנע מלהניח את ידיהם על כל שיראו.

בכל אופן: משראה את אדרת השינְעָר, את הכסף ואת הזהב – חמד אותם עכן והסתירם בעֲבורו. מאחר וִיהושוע לא ידע על כך: הוא המשיך לכיבוש העיר הבאה – שהיא העַי. מאחר והעַי הייתה עיירה קטנה – חשבו בני ישראל שהקרב יהא קל – אך לתדהמתם – הם הפסידו. אמר אלוהים לִיהושע שזה היה מחמת חטאו של עָכן. כתוצאה: לא רק היה על עָכן, בני משפחתו ועל משק הֶחי שלו היה למות.

בספר מלכים ב' פרק ה נוכל לקרוא על: גֵיחֲזי – נער אלישע אשר קיבל את נֶגַע הצרעת מאחר וחמד דברים שֶׁבָּל יהיו לו. מַעֲשה שהיה כך היה: אלישע אמר לגֵחֲזי שעל נעמן מפקד הצבא לרחוץ עצמו בנהר הירדן שבע פעמים בכדי להיטהר מן הצרעת – לאחר שנעמן ציית הוא רצה להעֲניק מתנות לאלישע כאות להערכתו – מתנות להן סירב אלישע.

כשנעמן היה בדרכו חזרה לארצו – רץ גֵיחֲזי בעיקבותיו בהעמידו פנים שאלישע שלחו – וּביקש מעט מן הדברים. הוא לקח את הדברים והֶחֱביאם. כמו כן שב גֵיחֲזי לאלישע וניסה לרמותו – למרות העובדה שאלישע היה מודע לְמזימתו מלחתחילה. כתוצאה: הוטלה על גֵיחֲזי הצרעת אשר הייתה לנעמן.

מקרה נוסף היה עם חנניה ושפירה במפעלות השליחים פרק ה'. הם מכרו חלקת אדמה והבטיחו לתרום לאלוהים את הכסף שקיבלו. אך ברגע שקיבלו את הכסף לידם: השתנו לבבותיהם – הם הֶחֱביאו חלק מן הכסף לעצמם ונתנו את הנותר לשליחים. בחֶמדנותם לכסף: הם ניסו להונות את השליחים. אךלרמות את השליחים זה בדיוק כמו לרמות את רוח הקודש – לכן מיד: נִטְשְׁתָּם רוחם – וּשניהם מתו בו במקום.

127

"לֹא תַחְמֹד בֵּית רֵעֶךָ"

הלבבות החֲמדניים מובילים למוות.

חֲמדנות הינה: חטא גדול שלבסוף מוביל למוות. לכן חשוב מאוד להשליך מן הלבבות את החֲמדנות עם הפיתויים ותאוות הבצע הגורמים לנו לרצות את דברי העולם הזה. האם טוב יהא זה אם נשיג את כל שנבקש בעולם אך כתוצאה נאֱבד את חַיינו?

נהֲפוך הוא: אולי אין לכם את כל העושר בעולם הזה – אך באם הינכם מאמינים באֱדוֹן ומתהלכים בֶאמת – אזי הינכם עשירים. כשם שאנו למדים ממשל האיש הֶעשיר ואלעזר הקבצן בִּבשורת לוקס פרק ט"ז – הברכה האמיתית הינה קבלת הישועה לאחר השלכת הלב הֶחמדן.

מחד: האיש הֶעשיר שהיה חֲסר אמונה באלוהים וללא תקווה לשמיים – חי חיי מותרות, לבש בגדי פאר, השביע את תאוות הבצע הגשמית שלו והתעֲנג בהילולים. מאידך: אלעָזר הקבצן אשר ישב וקיבץ נדבות בשער בית הֶעשיר – היו חייו עלובים ביותר וכלבים באו ללקק את הפצעים שעל גופו. למרות זאת במעמקי ליבו: הוא הילל את אלוהים ותמיד הייתה לו תקווה לשמיים.

לבסוף מתו הֶעשיר ואלעָזר. אלעזר הקבצן נלקח ע"י מלאכים לחֵייק אברהם. אך הֶעשיר הלך לקבר – בו סבל. בהיותו צמא מחמת הסבל והאש: השתוקק הֶעשיר לטיפת מים – אך אף בקשה זו לא הוענקה לו.

נניח שהֶעשיר מקבל הזדמנות שנייה לחֲיות כאן על פני כדור הארץ? לרוב הוא יבחר לקבל חיי נצח בשמיים – אף אם המשמעות הינה לחֲיות כאן בעוני. מאידך: מישהו שחי חיי מחֲסור בעולם כאלעָזר – אם הוא רק ילמד יִרְאַת אלוהים ויתהַלך באור יוכל לקבל את ברכות העושר הגשמי בחייו כאן על פני כדור הארץ.

לאחר מות שרה: רצה אברהם – אבי האמונה – לקנות את מערת המכפלה בכדי לקבור שם את אשתו. בעל המערה אמר לו לקחֲתה בחינם – אך אברהם סירב – ושילם את מחירה הֶמלא. הוא עשה זאת מאחר ולא הייתה בו ולו טיפת

חֲמדנות. אם לא הייתה שלו – אף לא היה חושב לרוכשה (בראשית פרק כ"ג: 9 – 19).

כמו כן: אהב אברהם את אלוהים וציית לְדברו. הוא חי חיי יושר וכנות – לכן בחייו עלי אדמות קיבל אברהם: לא רק את ברכות העושר הגשמי – אלא אף בורך בחיים ארוכים: בְּתהילה, בכוח, בצאצאים ועוד. הוא קיבל אף את הברכה להיקרא: ידידיה.

ברכות רוחניות העוברות מעבר לכל הברכות הגשמיות.

לִפרקים אנשים שואלים מסקרנותם: "האיש ההוא נראה כמאֲמין טוב מאוד. אם כן איכה נראה שאינו מתברך?" אם אותו אדם היה מתהלך מדי יום בעקבות המשיח באמונה *אמיתית וכנה:* היינו רואים את ברכות אלוהים בחייו בדברים הטובים ביותר.

ככתוב באיגרת השלישית ליוחנן פרק א' 2: *"חֲבִיבִי, אֲנִי מִתְפַּלֵּל שֶׁיִּהְיֶה לְךָ טוֹב בַּכֹּל וְתִהְיֶה בָּרִיא, כְּשֵׁם שֶׁטּוֹב לְנַפְשְׁךָ".* אלוהים מברכינו בכדי שיהא טוב לנפשותינו – לפני כל דבר אחר. אם נחְייה כִּילדיו הקדושים של אלוהים, נשליך את כל הרוע מליבנו ונציית למצוותיו – לבטח יברכינו אלוהים בטוב – כולל בריאותינו.

אך אם פלוני – שנפשו אינה משגשגת: נראה כאילו קיבל ברכות גשמיות רבות – לא נוכל לאמר שזוהי בְּרכת אלוהים. במקרה זה: יכול עושרו לגרום לו להפוך לתאוותן. תאוות-הבצע שלו עלולה להוליד חטא – והוא עלול לִרחוק מאלוהים.

כשהמצב נעֲשה קשה: עלולים אנשים להסתמך על אלוהים בלב נקי ולשרתו בַּחֲריצות מתוך אהבה. אך לרוב לאחר קבלת הברכות הגשמיות בעסק או בִּמקום העבודה: מתחילים לבבותיהם להשתוקק ליותר דברים גשמיים, הם מתחילים לתרץ תירוצים על היותם עסוקים – ולבסוף הם מתרחְקים מאלוהים. כשהרווח

או השכר שלהם מתמעט: הם נוטים לתת את המַעֲשר בלב מלא כשהם אֲסירי תודה. אך כששכרם עולה וּבעקבותי אף על המַעֲשר לַעֲלות: קל מאוד לליבם להזדעזע. אם ליבנו משתנים וַאֲנו מתרחקים מְדבר אלוהים כמו החילוניים: עלולות בְּרכותינו להפוך לאסון.

בכל אופן: אלו שנפשם משגשת לא יַחַמדו את הדברים הגשמיים – ואף אם ייקבלו ברכות, כבוד וָעושר מאלוהים: לא יהפכו לתאוותניים ליותר, לא ירטנו או יתלוננו רק מאחר ואין להם דברים גשמיים. זאת מאחר והינם מוכנים לתרום את כל אשר להם – ואף את חייהם – לאלוהים.

אנשים שטוב לנפשם: יגנו על אמונתם וִישרתו את אלוהים מבלי להתחַשב בנסיבות בן הינם שרויים – ויישתמשו בברכות שקיבלו מאלוהים רק למען מלכותו וּכבודו. מאחר וּלבעלי הנפש המשגשגת אין נטייה ולו הקטנה ביותר: לרדוף אחר תענוגות העולם, לנדוד בחיפוש אחר השמחה, או ללכת בדרך המוות – יברכם אלוהים בשפע.

לכן הברכות הרוחניות חֲשובות הרבה יותר מברכותיו הפיזיות של העולם הזה – המתפוגגות בִּמהרה כערפל. לכן מעל לכל דבר: עלינו לקבל בראשונה את הברכות הרוחניות.

לעולם אין לבקש את ברכות אלוהים בכדי להשביע את התשוקות הגשמיות.

אף אם עדיין לא קיבלנו את הברכות הרוחניות בן תשגשג נפשינו: אם נמשיך להתהלך בְּשביל הצדק ונדרוש את פני אלוהים באמונה – בעת הנכונה ימלאֵנו אלוהינו. אנשים מתפללים שדבר מה יתרחש מיד אך ישנה עת וּמשך זמן לכל דבר תחת השמיים – ואלוהים יודע מהו הזמן הטוב ביותר. ישנם זמנים בם נותן לנו אלוהים להמתין בכדי שייתן לנו ברכות עצומות יותר.

אם נבקש באמונה אמיתית דבר מה מאלוהים: נקבל את הכוח להתפלל

בהמשכיות עד לקבלת המַעֲנה. אך אם נבקש מאלוהים דבר הנובע מרצונותינו הבשריים – לא חשוב כמה נתפלל: לא נקבל את האמונה להאֲמין באמת – ולא נקבל ממנו מַעֲנה.

איגרת יעקב פרק ד' 2 – 3 אומרת: *"אַתֶּם מִתְאַוִּים וְאֵין לָכֶם. אַתֶּם הוֹרְגִים וּמְקַנְּאִים וְאֵינְכֶם יְכוֹלִים לְהַשִּׂיג. אַתֶּם רָבִים וְנִלְחָמִים וְאֵין לָכֶם מִפְּנֵי שֶׁאֵינְכֶם מְבַקְשִׁים. אַתֶּם מְבַקְשִׁים וְאֵינְכֶם מְקַבְּלִים מִפְּנֵי שֶׁאַתֶּם מְבַקְשִׁים מִתּוֹךְ כַּוָּנָה רָעָה, כְּדֵי לְבַזְבֵּז בְּתַאֲווֹתֵיכֶם"*. אלוהים אינו יכול לענות לנו כשאנו מבקשים משהו בכדי להשביע את רצון הבשר. אם סטודנט צעיר מבקש מהוריו כסף לקנות הדברים שאינו צריך לקנות – הוריו לא ייתנו לו את הכסף.

לכן אל לנו להתפלל וּלבקש מתוך מַחֲשבותינו האישיות אלא שבכוח רוח הקודש עלינו: לבקש את הדברים העומדים בְּקנה מידה אחד עם רצון אלוהים (יהודה פרק א': 20). רוח הקודש מכירה את לב אלוהים וְיכולה להבין את הדברים העמוקים של אלוהים; לכן אם נסתמך על הדרכת רוח הקודש בעת התפילה: עד מהרה נקבל את המַעֲנה לְתפילותינו מאלוהים.

אם כן: איכה נלין [נסתמך] על הדרכת רוח הקודש ונתפלל לפי רצון אלוהים?

ראשית עלינו: לַחֲמש עצמנו בְּדבר אלוהים וּליישם את דברו בחיינו – בכדי שלבבותינו יהיו כלב ישוע המשיח. אם יש לנו לב כשל המשיח: באורח טבעי נתפלל לפי רצון אלוהים – וּבמהרה נוכל לקבל מַעֲנה לכל תפילותינו. זאת מאחר ורוח הקודש – המכירה את לב אלוהים: תשמור על לבבותינו בכדי שיהא לאל ידינו לבקש את הדברים שאנו באמת זקוקים להם.

בדיוק כשם שנאמר בְּבשורת מתיתייהו פרק ו' 33: *"אַתֶּם בַּקְּשׁוּ תְּחִלָּה אֶת מַלְכוּתוֹ וְאֶת צִדְקָתוֹ, וְכָל אֵלֶּה יִוָּסְפוּ לָכֶם"* – בקשו בראשונה את אלוהים ואת מלכותו ורק לאחר מכן את מבוקשכם. אם נתפלל ראשית לבקשת רצון אלוהים: נֶחֱווה את שפע הברכות המשתפכות מאת אלוהים על חיינו בכדי שהכוס שהינה מנת חלקינו תימלא בכל צָרְכֵינוּ עלי אדמות – ויותר.

לכן בהתמדה עלינו לשאת מלבבותינו תפילות כנות לאלוהים. כאשר תַּעֲרמו באופן יומיומי תפילות חזקות בהדרכת רוח הקודש: כל חֲמדנות או טבע חוטא יגורשו לעד מליבכם ותקבלו את כל אשר תבקש בְּתפילותיכם.

שאול השליח היה נתין האימפריה הרומית ולמד לרגלי רבן גמליאל – המְלומד המוכר והטוב ביותר בְּזמנו. אךשאול לא התעֲניין בדברי העולם הזה. למען המשיח התייחס שאול לכל דבר שהיה לו כדוֹמֶן. כשאול – הדברים שעלינו לאהוב ביותר הינם: לאהוב ולרצות את הדרכת ישוע המשיח או את דבר האמת.

אם נרוויח את: כל העושר העולמי, הכבוד, הכוח וכו' – ואין לנו חיי נצח – במה יועילו לנו כל אלה? אך אם כשאול השליח נעֲזוב את כל העושר הגשמי ונחְייה לפי רצון אלוהים אלוהים: לבטח יברכינו אלוהים בכדי שיהא טוב לנפשותינו ונשגשג. כתוצאה: "גדולים" ניקרא בשמיים – ונצליח אף בכל תחומי חיינו כאן על פני האדמה.

לכן מתפלל אני שיהא לאל ידיכם להשליך את תאוות – הבצע או החמדנות מחייכם ומליבכם – כשתבקשו בְּשקידה שביעות רצון ממה שיש לכם כשהינכם שומרים תקוותכם לשמיים. אזי אֵדע שתמיד תובילו חיים שופעים בהודייה ובאושר.

פרק י"ב

מצוות העֲמידה עם אלוהים

משלי פרק ח': 17

"אֲנִי אֹהֲבַי אֵהָב וּמְשַׁחֲרַי יִמְצָאֻנְנִי".

בְּבשורת מתיתייהו פרק כ"ב ישנו קטע בו אֶחד הפרושים שואל את ישוע: מהי המצווה הגדולה ביותר בתורה?

השיב ישוע: "*וְאָהַבְתָּ אֵת יהוה אֱלֹהֶיךָ בְּכָל-לְבָבְךָ וּבְכָל-נַפְשְׁךָ וּבְכָל מְאֹדֶךָ. זֹאת הַמִּצְוָה הַגְּדוֹלָה וְהָרִאשׁוֹנָה. הַשְּׁנִיָּה דּוֹמָה לָהּ: 'וְאָהַבְתָּ לְרֵעֲךָ כָּמוֹךָ'. בִּשְׁתֵּי מִצְווֹת אֵלֶּה תְּלוּיָה כָּל הַתּוֹרָה וְהַנְּבִיאִים*" (בשורת מתיתייהו פרק כ"ב: 37 – 40).

משמעות הדבר שאם נאהב את אלוהים בכל ליבנו ובכל נפשנו וּבכל מאודנו ואם נאהב את אחרים כאת עצמינו – על נקלה נוכל לציית לכל המצוות.

אם באמת אנו אוהבים את אלוהים: איכה נוכל לבצע חטאים המתועבים בעייני אלוהים? אם אנו אוהבים את הקרובים כאת עצמנו – אייכה נוכל להתנהג ברוע כלפיהם?

מדוע נתן לנו אלוהים את מצוותיו?

אם כן: מדוע הטריח אלוהים את עצמו במתן כל אחת ואחת מן המצוות – במקום רק לאמר לנו: "*וְאָהַבְתָּ אֵת יהוה אֱלֹהֶיךָ וְאָהַבְתָּ לְרֵעֲךָ כָּמוֹךָ*"?

זאת מאחר וּבתקופת התנ"ך בטרם עידן רוח הקודש: התקשו האנשים לאהוב באמת את אלוהים מכל הלב וּמתוך רצון אישי. לכן ע"י עֲשרת הדיברות אשר העניקו לְבני ישראל גיבוי מספיק לציית לו – הדריכם אלוהים לאהוב וליִרְאָה אותו – ואף לאהוב את הקרובים אליהם כשהם מפגינים זאת בהתנהגותם.

עד כה, התבוננו מקרוב על כל מצווה – אך כעתהבה נתבונן על כל המצוות בַּחֲלוקתן לְשתי קבוצות: אהבה לאלוהים ואהבה לקרובים.

המצוות 1 – 4 תסתכמנה בזאת: "אהוב את יהוה אלוהיך בכל ליבך בכל נפשך וּבכל מאודֶך". לשרת רק את אלוהים הבורא, לא ליצור אלילי שקר או לסגוד להם, להיזהר לבל נשתמש לרעה בשם אלוהים וּשמירת יום הָאֲדוֹן קדוש – כול

אלה הינן דרכים לאהוב את אלוהים.

המצוות 5 – 10 תסתכמנה בזאת: "אהוב את רעך כנפשך". משמע כבד את הוריך, היזהר מרצח, מגניבה, מעדות שקר, מחֲמדנות וכו' – כולן דרכים להימנע מפעולות רוע כנגד אחרים, או כנגד קרובינו. אם נאהב את שכנינו כאת נפשנו: לא נרצה שיהֱוו כאב – לכן עלינו לציית למצוות אלה.

עלינו לאהוב את אלוהים ממעמקי ליבנו.

אלוהים אינו כופה עלינו לציית למצוותיו – אלא מדריכֵנו לציית להן מתוך אהבתינו האישית אליו.

באיגרת אל הרומיים פרק ה' 5 נאמר: *"אוּלָם אֱלֹהִים מְגַלֶּה אֶת אַהֲבָתוֹ אֵלֵינוּ בְּכָךְ שֶׁהַמָּשִׁיחַ מֵת בַּעֲדֵנוּ כַּאֲשֶׁר עוֹד הָיִינוּ אֲנָשִׁים חוֹטְאִים"*. אלוהים גילה בראשונה את אהבתו הגדולה אלינו.

קשה למצוא מישהו המוכן למות במקום מישהו טוב, או צדיק, או אפילו במקום חבר קרוב – אך אלוהים שלח את בנו יחידו ישוע המשיח למות במקום החוטאים בכדי לשחֲררם מן הקללה תחֲתיה חיו לפי התורה. לכן הפגין אלוהים אהבה העוברת מעל ומעבר לצדק.

באיגרת אל הרומיים פרק ה' 5 אף כתוב: *"וְהַתִּקְוָה אֵינָהּ מַכְזִיבָה, כִּי אַהֲבַת אֱלֹהִים הוּצְקָה לְתוֹךְ לִבֵּנוּ עַל-יְדֵי רוּחַ הַקֹּדֶשׁ שֶׁנִּתְּנָה לָנוּ"*. אלוהים מעֲניק לנו את רוח הקודש כמתנה לכל ילדיו המקבלים את ישוע המשיח – בכדי שיוכלו להבין לחֲלוטין את אהבת אלוהים.

לכן אלה שנושעו באמונה ונטבלו במים וברוח הקודש יאֱהבו את אלוהים לא רק במחֲשבותיהם – אלא אף בכנות ממעמקי ליבם – מוענקת להם היכולת לעמוד איתן במצוותיו מתוך אהבה כנה כלפיו.

רצונו המקורי של אלוהים.

באופן מקורי: ברא אלוהים את בני האדם מאחר והשתוקק לילדים אמיתיים שיוכל לאהוב – וַאֲשר יוכלו לאהוב אותו בחזרה – מרצונם החופשי. אך אם פלוני מציית לכל מצוות אלוהים אך אינו אוהב את אלוהים – איכה יֵאָמר שהינו בן אמיתי לאלוהים?

פועל שכיר אינו יכול לרשת את עסק מְעבידו. אך בן המְעביד – השונה בתכלית מן השכיר: יוכל לרשת את העסק. כזאת המצייתים לכל מצוות אלוהים: יש לאל ידיהם לקבל את כל הברכות המובטחות – אך אם הם אינם מבינים את אהבת אלוהים – לא יהא לאל ידיהם להיות ילדים אמיתיים לאלוהים.

לכן המבין את אהבת אלוהים וּמציית למצוותיו: יורש את השמיים ויכול לחיות בחלק היפה ביותר בשמיים כבן אמיתי לאלוהים – ולחְיות לצד אלוהים האב. כמו כן יחְייה לנצח בפאר הזוהר כשמש.

אלוהים רוצה הנושעים בדם ישוע המשיח ואוהבים אותו ממעמקי ליבם: יחְיו עימו בּירושלים החדשה מקום – כס אלוהים – ויחָלוקו באהבתו לנצח. לכן אומר ישוע בּבשורת מתיתייהו פרק ה' 17: *"אַל תַּחְשְׁבוּ שֶׁבָּאתִי לְבַטֵּל אֶת הַתּוֹרָה אוֹ אֶת הַנְּבִיאִים; לֹא בָּאתִי לְבַטֵּל כִּי אִם לְקַיֵּם"*.

עדות על כמה אוהבים אנו את אלוהים.

בדרך זו: רק לאחר שנבין את הסיבה האמיתית שבעֶטייה נתן לנו אלוהים את המצוות: נוכל לממש את התורה – ע"י האהבה שיש לנו לאלוהים. מאחר ויש לנו את המצוות – או התורה: נוכל להפגין בצורה פיזית 'אהבה' – שהינה: מונח מופשט שקשה לראות בעינינו הפיזיות.

אם יאמר מישהו: "אלוהים, אני אוהב אותך מכל הלב – לכן ברך אותי". איכה יוכל אלוהי הצדק להפר את הצהרתו – אם אין תקן לפיו הוא בודק אותם: לפני שהוא מברכם? מאחר ויש לנו תקן – המצוות או התורה: נוכל לראות אם באמת הינם אוהבים את אלוהים מכל הלב. אם הם מבטאים בשפתותיהם את אהבתם לאלוהים – אך אינם שומרים את יום הָאָדוֹן כשם שמורה לנו אלוהים: יהא לאל ידינו לראות אם אוהבים הם את אלוהים בכנות.

לכן מצוות אלוהים הינן תקן לפיו נוכל: לבדוק, או לראות כעדות – כמה אוהבים אנו את אלוהים.

לכן נאמר באיגרת הראשונה ליוחנן פרק ה' 3: *"הֵן זֹאת הִיא אַהֲבַת אֱלֹהִים, שֶׁנִּשְׁמֹר אֶת מִצְוֹתָיו – וּמִצְוֹתָיו אֵינָן קָשׁוֹת"*.

את אוהבי אוהב.

הברכות שאנו מקבלים מאלוהים כתוצאה מצייתנות למצוותיו הינן ברכות שאינן נעלמות או דוהות.

לדוגמא: מה קרה לדניאל אשר השביע את רצון אלוהים מאחר והייתה לו אמונת אמת ומעולם לא התפשר עם העולם?

בשנת 605 לפנה"ס – כשממלכת יהודה הדרומית חטאה כנגד אלוהים: פלש נבוכדנצר מלך בבל בפעם הראשונה לְכנען. דניאל הצעיר: בן לשבט יהודה וְאֶחָד מצאצאי משפחת המלוכה – נישבה אף הוא ונילקח בָּבֶלָה.

לפי מדיניות המלך לאימוץ התרבות: דניאל וכמה מרעיו שאף הם נישבו – נבחרו לְחָיות בארמון נבוכדנצר ולמדובמשך שלוש שנים הכל על אודות התרבות שם.

במשך זמן זה: ביקש דניאל לא לאכול את מנת האוכל היומית הניתנת לו ולשתות מיֵין המלך – וזאת מחשש פן יזהם עצמו במאכלים אותם אסר אלוהים לאכול. כאסיר: לא הייתה לו כל זכות לסרב לאכול את האוכל המוצע לו על ידי המלך – אך דניאל רצה לעשות ככל יכולתו בכדי לשמור את על אמונה טהורה בעייני אלוהים.

משראה את ליבו הכן: נגע אלוהים ללב הממונה עליו בכדי שלא יהא על דניאל לאכול או לשתות ממזון או מיֵין המלך.

בְּמרוצת הזמן – דניאל אשר הסתמך לחֲלוטין על מצוות אלוהים מונה: כראש ממשלת בבל – מדינת גויים. מאחר ודניאל היה בעל אמונה בלתי מעורערת אשר שמרה אותו מפני התפשרות עם העולם הוא: השביע את רצון אלוהים. לכן למרות שינוי האומה והמלכים: הצטיין עדיין דניאל בכל דרכיו – והמשיך לקבל את אהבת אלוהים.

מבקשֵׁי ימצאוּני.

ניתן לראות ברכה כזו אף היום. כל בעל אמונה כשל דניאל – אמונה אשר אינה מתפשרת עם העולם וּמסתמכת בשמחה על מצוות אלוהים – יהא לאל ידו לראות שאלוהים מברכו בְּברכות שופעות.

לפני כעשר שנים: אחד מזקני קהילתינו עבד בַּאַחַת מחֲברות העל [מבחינה כספית] באומה. בכדי לפתות את ציבור לקוחותיה ערכה החברה באופן סדיר מפגשי שתייה עם לקוחותיה וּכמו כן מפגשים למשחקי גולף בסופי שבוע היו דבר הכרחי. לאחר משיחָתו של אותו זקן עֵדה למעמד של שמש והגעָתו לְכלל הבנה אמיתית לגבי אהבת אלוהים – למרות ההרגלים הגשמיים של החברה – הוא לא שתה עם לקוחותיו ולא הפסיד את אֲסיפות הקהילה בימי ראשון בשבת.

יום אחד אמר לו מנכ"ל החברה: "עליך לבחור בין חברה זו לבין קהילתך". מאחר והיה אדם חזק בטבעו – הוא לא חשב פעמיים בטרם השיב: "חברה זו

חשובה לי – אך אם אתה מבקש ממני לבחור בין החברה לבין קהילתי – אני בוחר בקהילה".

באורח פלא: נגע אלוהים בלב המנכ"ל וזה האחרון בטח מאוד בְּזקן העֵדה שלנו ולבסוף קידמו. זמן קצר לאחר מכן – לאחר מספר קידומים הפך זקן העדה למנכ"ל החברה!

לכן: כשאנו אוהבים את אלוהים ומנסים להחזיק בו דרך מצוותיו – נושא אותנו אלוהים להצטיינות בכל מַעֲשי ידינו ומברכינו בכל תחום בחיינו.

שלא כמו החוקים החברתיים – דברי הבטחת אלוהים: לעולם אינם משתנים עם הזמן. לא חשוב באיזו תקופה אנו חיים ולא חשוב מי אנו: אם רק נציית ונתהלך לאור דבר אלוהים – נוכל לקבל את בִּירכותיו המובטחות.

חוק העמידה עם אלוהים.

לכן: מעשרת הדיברות או התורה אותה נתן אלוהים למשה אנו לָמֵדִים את התקן לפיו נוכל לקבל את אהבת וברכות אלוהים – וככתוב במשלי פרק ח' 17: "*אֲנִי אֹהֲבַי אֵהָב וּמְשַׁחֲרַי יִמְצָאֻנְנִי*". לפי המידה בה נעֲמוד בתורה – כך נקבל את אהבת וּבְרכות אלוהים.

ישוע אמר בְּבשורת יוחנן פרק י"ד 21: "*הַמַּחֲזִיק בְּמִצְווֹתַי וְשׁוֹמֵר אוֹתָן הוּא הָאוֹהֵב אוֹתִי, וְהָאוֹהֵב אוֹתִי אָבִי יֹאהַב אוֹתוֹ; גַּם אֲנִי אֹהֵב אוֹתוֹ וַאֲגַלֶּה לוֹ אֶת עַצְמִי*".

האם מצוות אלוהים נראות כבדות או חזקות מדי? אך אם באמת אנו אוהבים את אלוהים ממעמקי ליבנו: נוכל לציית להן – ואם אנו קוראים לעצמנו ילדי אלוהים: באורח טבעי עלינו לעמוד בָּן.

זוהי הדרך לקבלת אהבת אלוהים: להיפגש עם אלוהים ולקבל את תשובותיו לתפילותינו – והֶחָשוב ביותר: תורתו שומרת עלינו רחוקים מן החטא ומניעה

אותנו לעבר הישועה. אם כן: כמה מבורכת תורתו!

אבות האמונה: כאברהם, דניאל ויוסף – קיבלו ברכות להיות נשגבים יותר מן הגויים מאחר ועמדו מקרוב איתנים בתורת ה'. הם קיבלו ברכות בצאתם ובבואם. לא רק שהם התעֲנגו בַּברכות אלה בכל תחומי חייהם – אלא אף שבשמיים – הם נִתברכו להיכנס לכבוד הנוצץ ובוהק כשמש.

אני מתפלל בשם אֲדוֹנֵנוּ: שתַּטוּ את אוזניכם תמיד לְדבר אלוהים, תִּתעֲנגו בתורת יהוה, תֶּהֱגוּ בְּדברו יומם ולילה ותעֲמדו בו לַחֲלוטין.

"רְאֵה כִּי-פִקּוּדֶיךָ אָהָבְתִּי יְהוָה כְּחַסְדְּךָ חַיֵּנִי. שָׁלוֹם רָב לְאֹהֲבֵי תוֹרָתֶךָ וְאֵין-לָמוֹ מִכְשׁוֹל.
שִׂבַּרְתִּי לִישׁוּעָתְךָ יְהוָה וּמִצְוֺתֶיךָ עָשִׂיתִי. תַּעַן לְשׁוֹנִי אִמְרָתֶךָ כִּי כָל-מִצְוֺתֶיךָ צֶּדֶק"
(תהילים מזמור קי"ט: 159, 165, 166, 172).

על המחבר ד"ר ג'יי רוק לי

ד"ר ג'יי רוק לי נולד בשנת 1943: במואן מחוז ג'או נאם ברפובליקת קוריאה. בשנות העשרים לחייו סבל ד"ר לי ממספר מחלות חֲשוכות מרפא במשך שבע שנים וציפָּה למוות ללא כל תקווה להחָלמה. אך באחד מימיי האביב בשנת 1974 הלך לקהילה עם אחותו וכאשר כרע ברך בכדי להתפלל: אלוהים החי ריפאו בו במקום מכל מחָלותיו.

מאותו הרגע בו ד"ר לי פגש את אלוהים החי דרך החוויה המדהימה הזו: הוא אהב את אלוהים בכנות ומכל הלב ובשנת 1978 הוא נקרא להיות משרת אלוהים. הוא התפלל נחֶרצות בכדי להבין בבהירות את רצון אלוהים בכדי לממשו בְּשלמותו וציית לכל דבר אלוהים. בשנת 1982 הוא ייסד את קהילת מאן מין המרכזית בסיאול דרום קוריאה ופעָלי אלוהים רבים הכוללים: ניסי ריפוי ונפלאות מתרחשים בְּקהילתו.

בשנת 1986 הוסמך ד"ר לי לשרות: כרועה קהילה בהתחברות השנתית של קהילת סאנג קיול ישוע שבקוריאה וארבע שנים לאחר מכן בשנת 1990 הטפותיו החלו לעלות לשידור בחברת השידורים של המזרח הרחוק, תחנת השידור האסייתית ומערכת הרדיו הוושינגטונית

המשיחית: לאוסטרליה, רוסיה, הפיליפינים ומקומות רבים אחרים.

שלוש שנים לאחר מכן בשנת נבחרה: קהילת מאן מין המרכזית לאחת מ- "50 הקהילות הראשיות בעולם" על ידי מגזין העולם המשיחי (ארצות הברית) וד"ר לי קיבל: תואר שלישי של כבוד בתֵּאוֹלוֹגְיָה ממכללת האמונה המשיחית בפלורידה שבארצות הברית ובשנת 1996 קיבל דוקטורט בשירות ממכללת דרך המלך לתיאולוגיה – באייווה שבארצות הברית.

משנת 1993 נטל ד"ר לי את ההנהגה בשליחות לעולם דרך מסעות רבים מעבר לים בערים: לוס אנג'לס, בולטימור, ניו יורק שבארצות הברית, טנזניה, ארגנטינה, אוגנדה, יפן, פקיסטן, קניה, הפיליפינים, הונדורס, הודו, רוסיה, גרמניה, פרו והרפובליקה הדמוקרטית בקונגו ובשנת 2002 הוא נקרא: "רועה לעולם כולו" מטעם עיתונים משיחיים נודעים בקוריאה עקב פעליו במסעות שונים מעבר לים.

עד אוקטובר 2016 קהילת מאן מין המרכזית הינה קהילה של למַעְלה מ- 120,000 חברים ו-11,000 קהילות בת מקומיות ומעבר לים בכל רחבי תבל. נשלחו כבר למעלה מ-102 שליחים ל-23 מדינות הכוללות את: ארצות הברית, רוסיה, גרמניה, קנדה, יפן, סין, צרפת, הודו, קניה וַאֲחרות.

עד היום כתב ד"ר לי 105 ספרים הכוללים את רבי המכר: טעימת חיי הנצח בטרם מוות, חיי אמונתי 1 ו-2, מסר העץ, מידת האמונה, השמיים 1 ו-2, הגיהינום, וכוח אלוהים. הספרים תורגמו ללמַעְלה מ-76 שפות.

כיום ד"ר לי מכהן כמייסד נשיא ויושב ראש מספר אגודות ארגוני שליחויות ובהן: יושב ראש: קהילת הקדושה המאוחדת של קוריאה; נשיא: עיתון בישור האומה; נשיא: שליחות מאן מין העולמית; מייסד: טלוויזיית מאן מין; מייסד ויושב ראש וועד: הרשת המשיחית הגלובלית[העולמית] (ג'י סי אן); מייסד ויושב ראש וועד: רשת הרופאים המשיחית העולמית (וו סי די אן); ומייסד ויושב ראש וועד: מכללת מאן מין הבינלאומית (אם איי אס).

ספרים חזקים אחרים מפרי עט המחבר

I

השמיים 1: יפים וזכים כְּבדולח

שרטוט מפורט מאוד על סביבת חיים יפיפייה שנהנים ממנה אזרחי השמיים במרכז פאר אלוהים.

השמיים 2: מלאים בפאר אלוהים

העיר הקדושה ירושלים החדשה: ששנים עשר שעריה עשויים מאבני פנינה בוהֲקות, נמצאת בלב השמיים הרחבים מבריקה בצורה זוהרת כאבני חן יקרות ערך.

מסר העץ

מדוע ישוע הינו המושיע היחיד? מסר יקיצה חזק ביותר לכל הישנים רוחנית. בספר זה תמצאו את אהבת אלוהים האמיתית.

טעימת חיי נצח בטרם מוות

עדויות וזיכרונות דוקטור ג׳יי רוק לי הנכבד שנולד מחדש ונושע ממעמקי המוות וחי חיים משיחיים למופת.

גיהינום

מסר רציני לכל האנושות מאלוהים שאינו רוצה ולו נפש אחת תיפול למעמקי הגיהינום! תגלו את הגילויים שמעולם לא נחֱשפו על אכזריות מציאות התהום והגיהינום.

עוּרי ישראל

מדוע שמר אלוהים על ישראל מבראשית ועד היום? מה היא ההשגחה האלוהית המוכנה לישראל בְּאַחֲרית הימים, מי מחכה למשיח?

www.urimbooks.com